四大古文明

東漢時期嘉祥武氏墓群石刻。

女媧與伏羲為夫妻。

燧人氏。

源自中國古代的華夏民族，起源於黃河流域一帶。因為這裡居四方之中，所以被稱之為「中華」；而因為歷史悠久，文化和科技發達，後來這一區又被稱為「中原」或是「中國」。歷代每當群雄並起，要爭奪天下的時候，都會說「逐鹿中原」。

西元前 2700～前 1046 年

西元前 2300～前 1750 年

規畫良好的大都市為什麼消失了？亞利安人為了和德拉威人保持隔離而推行的種姓制度，是怎樣的一種制度？到今天竟仍然存在於印度的社會當中……

西元前三世紀左右的陶碗。

梵天、毗濕奴、濕婆，一體三形。

方形章（左）與印出來的圖樣（右）。

春女神，還有我們熟悉的阿波羅、宙斯等等，都是希臘古典時期的神話創作。希臘人崇拜多神信仰，因為宙斯享有「神王」之尊，為了祭祀宙斯所舉辦的競技大會也就特別隆重，包括點燃聖火、敬獻供品等等儀式。

5. 根據上文所述，你知道這個祭典就是今天哪一個世界性活動的源起嗎？

6. 為了展現力與美結合而舉辦的競技大會，選手經常裸體參賽，所以女性不宜入場；四世紀末的羅馬君主狄奧多西一世下令停辦盛會，你知道直到第幾世紀時，才有了現代奧運的重新啟動？

●文藝復興時期藝術大師米開朗基羅的作品「大衛像」令人驚艷，這座高五公尺的白色大理石雕像，是為了紀念希伯來王國的英雄大衛王，他在位四十年期間締造了國家盛世，並且將耶路撒冷修建成華麗壯觀的國都。

7. 希伯來人的發源地是號稱「流著奶與蜜的土地」，現在請你在地圖上指出這個區域的位置。

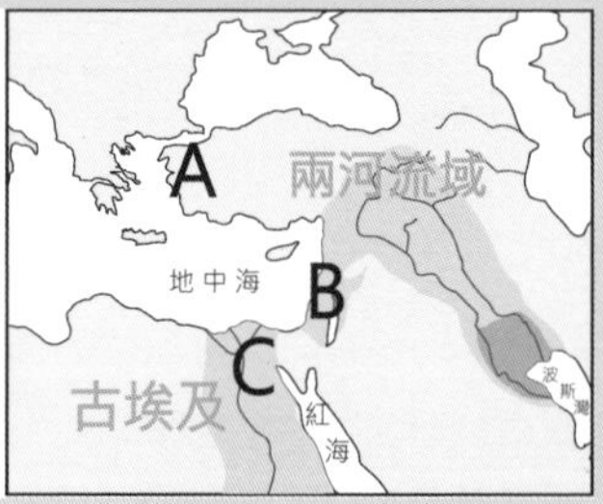

8. 大衛王有一個非常聰明的兒子，繼位之後的四十年，也是希伯來王國最繁榮的時期，據說他留下一批寶藏不知去向，始終引發世人關注。你知道這位國王是誰嗎？

解答：1. X 2. ○ 3. B 4. A 5. 參見第191頁 6. 參見第196頁 7. B、參見第157頁 8. 參見第159頁

16 世紀關於巴別塔的著名畫作。

泥板與楔形文字。

1493 年《紐倫堡編年史》中的諾亞方舟。

在底格里斯河和幼發拉底河兩條大河流經的區域中，各種民族不斷來來去去、試圖興建傲人大帝國：雖然帝國美夢不斷破碎，卻留下了人類史上最早的法典、史詩、圖書館、圓周率……以及舊約聖經，可說是多元文化的璀燦成果。

約西元前 4000 ～前 539 年

西元前 4000 ～前 30 年

尼羅河氾濫雖是天災，但每年的規律變化卻提供了奇妙的安全感：退水季一到，埃及人馬上播種、耕耘、等待收穫，漲水季趁著農閒，便可以群策群力，建造金字塔；週而復始的大河生態，甚至讓法老相信人可以死而復生……

拉美西斯二世的拉美西姆神廟。

埃及的象形文字曆法。

哈特雪普斯女王的人面獅身像。

動了。這是加爾底亞帝國的國王尼布甲尼撒二世，為了紓解皇后思鄉憂愁所精心修建的花園，被讚譽是古文明的七大奇蹟之一，又稱作「懸園」。尼布甲尼撒二世採用立體造園技術，將花園放在四層平臺上，平臺則由二十五公尺高的巨柱支撐，還有專人負責推動連接著齒輪的把手，形成有效的灌溉系統，園內遍植奇花異草，一位美麗的皇后徜徉其間……這是不是很浪漫呢？管家琪老師將為你細說從頭。

【知識競技場】

本卷引導我們學習大河文明與奧運會，你可以透過以下題目預先了解本卷重點，也可以等看完全卷後，再回來大顯身手吧！

〔基礎是非選擇題〕

1.（　）古代埃及的法老王以興建金字塔象徵國家富強，因為金字塔就是他們的皇宮。

2.（　）加爾底亞人擅長觀察天象以及占星術，並且確立一週七天制。

3.（　）根據考古研究，下列何者不屬於舊石器時代的文化遺跡？(A)長濱(B)卑南(C)北京人(D)山頂洞人

4.（　）目前全世界都以六十進位制，將時間單位劃分為時、分和秒。請問這是源自於哪一民族的數學成就？(A)蘇美(B)埃及(C)亞述(D)印度

〔進階素養題〕

●如右運動服飾品牌 NIKE 名字由來是希臘勝利女神，歐手 HERE 的名字可以自古

	時間	事件
遠古時期	500 萬年至 100 萬年前	● 出現直立行走的非洲南猿。
	200 萬至 150 萬年前	● 東非出現巧人，能製造粗糙石器，有初級語言。
	160 萬年前至 20 萬年前	● 亞洲出現直立猿人，已知用火，能製造石頭手斧等器具。
	40 萬年前	● 尼安德塔人生活在舊石器時代早期末代。
	30 萬年前	● 非洲出現擁有語言能力的「智人」，後來逐漸遍布五大洲。
舊石器時期	5 萬年前	● 北京人已知用火、製造尖狀石器，狩獵為生。
	3 萬～ 1 萬年 5 千年前	● 長濱文化散布臺灣全島，屬於舊石器時代晚期。
	3 萬～ 1 萬年	● 克洛曼儂人生活在舊石器時代後期。
	2 萬 5 千年前	● 山頂洞人會用鹿皮縫製衣服，已經有家族或社會組織。
中石器時期	西元前 1 萬～前 5 千年	● 中石器時期人類的居住地變得固定，不再經常性遷移。
新石器時期	西元前 7500 ～前 2000 年	● 新石器時代的約旦河西岸、埃及和美索不達米亞、歐洲和中國等出現部落。
	西元前 7000 年	● 農業首先從中東開始發展。
	西元前 5000 年	● 新石器時代，第三波移民抵達臺灣，建立了「大坌坑文化」。
	西元前 5000 ～前 3000 年	● 新石器晚期的黃河流域出現仰韶文化（彩陶文化）。
世界各大古文明	西元前 4000 ～前 30 年	● 埃及文明在尼羅河畔發展，建造金字塔，使用象形文字。
	西元前 4000 ～前 3500 年左右	● 蘇美人定居兩河流域下游，發展出楔形文字。
	西元前 3100 年	● 美尼斯國王建立「古埃及帝國」。
	西元前 2700 ～前 2500 年	● 世界最早史詩《吉爾伽美什史詩》在美索不達米亞地區流傳。
	西元前 2700 ～前 1046 年	● 中國商朝已有舟車和騎馬，能冶礦、推測月蝕，運用天干地支在曆法上。
	西元前 2500 ～前 2000 年	● 龍山文化（黑陶文化）從中國山東半島向北擴及遼東半島，南至杭州。
	西元前 2500 ～前 1500 年	● 臺灣從「大坌坑文化」演化出「牛罵頭文化」、「牛稠子文化」、「訊塘埔文化」和「繩紋紅陶文化」（南島語系社群）等。
	西元前 2300 ～前 1750 年	● 印度河流域發展出高度文明。
	西元前 2050 ～前 1950 年	● 烏爾第三王朝建立全世界第一部成文法典。
	西元前 1900 年左右	● 西臺人進入小亞細亞中部，建立強大王國。
	西元前 1760 年左右	● 巴比倫國王漢摩拉比統一了兩河流域，建立「古巴比倫王國」。
	西元前 1754 年	●《漢摩拉比法典》建置，是目前保持完整的最古老成文法典。
	西元前 1700 年	● 遊牧民族發明雙輪戰車。
	西元前 1600 ～前 1046 年	● 中國商朝已有甲骨文。
	西元前 1500 ～前 1000 年間	● 世界文明進入了鐵器時代。
	西元前 1500 年	● 亞利安人從中亞細亞大草原侵入印度，在恆河流域建立「吠陀時代」。
	西元前 1400 年左右	● 西臺人使用鐵製武器和用具，改變了戰爭方式。
	西元前 1300 年左右	● 摩西帶希伯來人越過紅海，逃出埃及，四處尋找定居地點。
	西元前 1250 年左右	● 發生特洛伊戰爭，促使希臘與特洛伊深入文化交流。
	西元前 1200 ～前 800 年	● 以克里特島和邁錫尼為中心，發展出「愛琴文明」，婦女享有較平等的社會地位。
	西元前 1200- 前 800 年	● 荷馬時期。
	西元前 1100 ～前 850 年	● 腓尼基人縱橫地中海東岸，貿易並傳播最早的字母文字。
	西元前 1025 年左右	● 希伯來人推舉掃羅為王，希伯來王國誕生。
	西元前 925 年	● 所羅門王去世，希伯來王國分裂。
	西元前 776 年	● 文字記載的第一次「奧運會」。
	西元前 658 ～前 551 年	● 瑣羅亞斯德創立祆教。
	西元前 590 ～前 529 年	● 居魯士大帝統一古中東，建立波斯帝國，從印度到地中海。
	西元前 354 年	● 馬其頓國王亞歷山大建立橫跨歐亞的龐大帝國。
	西元前 324 年	● 旃陀羅笈多建立了孔雀王朝，是印度第一個大規模的帝國。
	西元前 30 年	● 克麗佩脫拉女王去世，古埃及帝國滅亡。

【歷史教室】卷1

曹若梅
臺北市明湖國中歷史老師
歷史類電視節目與談學者

你知道今天通行的「阿拉伯數字」其實是印度的數學成就嗎？我們日常生活中的一週七天制，竟然是距今兩千多年以前兩河流域人們的智慧結晶?! 你我熟知的十二星座水瓶、雙魚座等等，都起源自豐富的希臘神話呢！還有，上古時期的希臘奧運會，竟然禁止女性參與！想要了解這些神奇的歷史紀錄，就讓管家琪老師這一卷的內容為你大揭密。

科學家認為地球的壽命已經超過四十億年了，人類卻是從幾百萬年前才出現。人類和動物最大的差異是我們會用雙手製作工具，遠古時代因此被稱為「石器時代」。不過，文字發明以後的歷史可信度比較高，也就是「信史」的開始，例如埃及的象形文字、蘇美的楔形文字和中國商朝的甲骨文，都讓後人對史實的研究，有了比較具體的認知。

由於人類的文明必須從有水的地方開始，於是形成大河文明。中國的黃河流域、西亞的兩河流域、埃及的尼羅河流域以及印度的印度河流域，都發展出燦爛的古文明，成就令人嘆為觀止，也讓人充滿好奇。或許你想知道：埃及古文明中的金字塔是如何建造的？每塊平均重達二·三公噸的大石頭要怎麼搬運？這得投入多少人力物力啊？埃及人死後為什麼要製成木乃伊呢？你聽過法老王拉美西斯二世嗎？他活到九十多歲，高壽得令人吃驚，因為當時人們的平均年齡還不到四十歲！

拉美西斯二世生前擁有妻妾子女數以百計，最特別的是他死後還搭機出國，用一本「已歿國王」的護照，在西元一九七四年來到法國巴黎，這是為了要清除這具已經三千多歲木乃伊表層的菌斑。這位傳奇法老王對埃及的影響如何，讀了這一卷，你就會一清二楚。

如果說金字塔的宏偉讓人嘖嘖稱奇，蘊含著一段愛情故事的「空中花園」就更讓人感

少年愛讀世界史

1 遠古史

世界史的序幕

管家琪——著

總序

為什麼我們要讀世界史？

管家琪

也許你會遇上這樣一個朋友：她特別好強，成績一直名列前茅，對自己和周圍的人都有些苛刻，可是對小動物和大自然卻有著純粹的愛心。也許你會好奇，她的家是什麼樣子？她的爸爸媽媽是做什麼的？又是怎麼教育她的？為什麼她會在如此熱愛大自然的同時，對人似乎總是不大友善。

也許你又遇上另一個朋友：他比較文靜，平時很少主動說話，下課時間總是趴在桌上睡覺，你知道他住得挺遠，放學後總是一個人坐著公車離開。也許你會好奇，為什麼他會到這麼遠的地方來上學？當初這是他爸爸媽媽還是他自己的意思？現在他們全家又是怎麼看待這個決定？

也許你還遇上一個朋友：她為人隨和，很少和大家在一起哄鬧，也很少有什麼強烈的意見，從來不會刻意要求什麼，身邊總有幾個朋友，但是真正算得上深交的好像又沒幾個。也許你會好奇，她的過去是什麼樣子？在她的成長之路上有沒有發生過什麼特別的事？為什麼她似乎總是很難真正對別人敞開心扉，似乎總是與人保持著一定的距離？

如果我們不了解一個人的成長背景，包括生活的經歷，便無法明白一個人為什麼會成為現在這個模樣。單獨一個人是如此，由許多人所組成的社會、民族、國家，以及文明，也是如此。

這個世界在我們到來之前，已經存在了很長很長的時間。各個民族與文化，在不同的地理環境中，自然而然的成長，經歷過不同的世事變遷，孕育著他們各自對世界的理解，然後漸漸成為我們今天所認識的各個國家。過去的人，他們所經歷的過去事，透過文物證據與文獻記載所留下的寶貴資料，再經由後人的發掘、考證與解讀，就成了我們今天所看到的歷史。

總之，如果不了解歷史，我們便無法明白世界為什麼會成為現在這個模樣；而如果不了解世界現在的模樣，我們便難以給這個世界塑造一個更理想的未來。

這套【少年愛讀世界史】所講述的範圍是整個世界，而不是某一個地區、民族或國家。在西元二十世紀六十年代以前，以個別民族國家作為歷史研究的單元（比如說中國史、英國史、法國史等等），一直被認為是最合適的方式，那麼，為什麼現在我們需要從整體世界的角度來講述歷史呢？

這是因為到了二十一世紀，我們需要一個全球化的視角與觀點。隨著時代的變化，尤其是網路的發展與全球性移民不再是特殊現象以後，人與人之間的交流益發頻繁。現代的居民、不管是住在哪裡的居民，也比過去更容易在生活中遇見與自己截然不同歷史文化背景的鄰居。過去在很長一段時間之內，用來區隔人與人的民族、國家等社會學的邊界概念已逐漸被沖淡，一個嶄新的、以全人類為背景的人類文化正在逐漸形成。

同時，與二十世紀末一派樂觀的地球村情緒不同，二十一世紀的我們正面臨著全球化在城市與鄉鎮發展極為不平均的困境。在當今保守主義的右傾與排外思潮的崛起下，如何平衡多元文化與傳統文化的衝突，也是二十一世紀世界史所需要思考的問題。

所以我們應該讀世界史，而且需要有系統的、順著時間脈絡來讀世界史。

這就是這套【少年愛讀世界史】的特色，這套書側重西洋史，但也會不時呼應、對照同一時期的中國史；這套書注重時間感，也注重人物，因為歷史本來就是「人的故事」，而且注重從多角度來呈現一件件重要的史實。

最後，感謝字畝文化，讓我有機會來做這樣一個極有意義的工作。也感謝老友伯理，給了我極大的協助，讓我能順利完成這套世界史。

目次

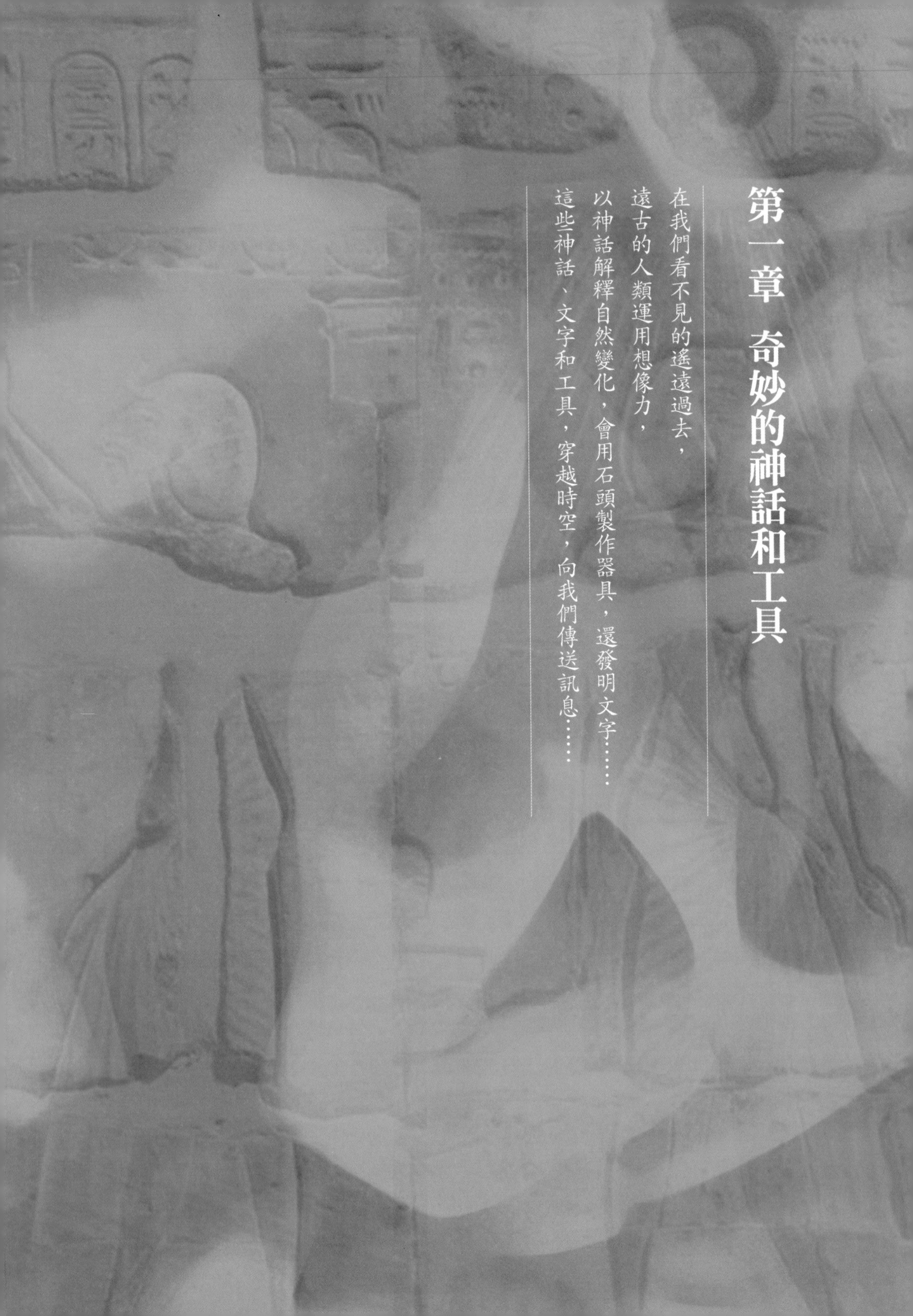

第一章　奇妙的神話和工具

在我們看不見的遙遠過去，
遠古的人類運用想像力，
以神話解釋自然變化，會用石頭製作器具，還發明文字……
這些神話、文字和工具，穿越時空，向我們傳送訊息……

1 歷史究竟是從什麼時候開始？

從前從前……

很多故事都是這樣開始的。

「從前」到底是多久以前呢？

也許你會說，當然是有王子、公主的時候啊！

如果是比這更久以前的「從前」呢？

也許你會想，那就不講外國的好了，講中國的吧，對，就說孔子那個時候，這應該夠久了吧！校園裡看到的孔子像都是穿著古裝的嘛！

沒錯，「至聖先師」孔子（西元前五五一～前四七九年）距離我們是滿久的了，都是兩千五百年以前了。以世界史的角度來看，與中國平行的當時是**波斯帝國**的時代。

還有沒有更久以前的「從前」呢？

也許你會聯想到，那埃及人呢？金字塔呢？我們在電影裡看到過，看起來都是很久以前的感覺。

波斯帝國——以古波斯人為中心所形成的君主制帝國，位於西亞伊朗高原地區，最初建立於西元前五五〇年。見第六章第二節。

其實，它們只比孔子身處的時代再早個五、六百年左右。

有了有了，也許有人很快就會想到一個肯定算是很保險的「從前」，乾脆說原始人好了嘛！原始人的時代，這應該夠久了吧！

原始人真的是很久很久以前了，然而「原始人」這個概念很模糊，是一種泛稱，在專家的專業書籍裡不會只有一種「原始人」。

不會只有一種「原始人」？這是什麼意思？

還是讓我們以時間為主軸，話說從頭吧。

我們所生活的這個世界到底是從什麼時候開始的？這個問題不知道引起多少人的好奇與興趣。在還沒有科學的時代，人類只能很自然的運用自己的觀察力，再發揮想像力，為世界的起源編織了許許多多的傳說。由於沒有科學常識的限制，各個國家、各個民族在遠古時代所編造出來的傳說，所展現出來的想像力往往也都是最奔放的。

關於世界的起源，中國在這方面最有名的傳說當屬「盤古開天」，但另外還有很多少數民族的傳說也很有意思，譬如按中國西南的彝族傳說，世界最初是從一頭大老虎變的，然後從「虎頭做天頭、虎尾做地尾」，這頭大老虎逐漸變化，「虎鬚做陽光，虎牙做星星」……最後全身都化作世界每一個部分，沒有絲毫浪費，感覺頗像是「盤古開天」的老虎版，這大概就是古人的英雄所見略同吧。

西方自然也有很多關於世界起源的傳說，比方說，希臘神話中天帝**宙斯**和他的兄弟以抽籤的方式瓜分世界，基督教《聖經．**創世記**》則說，天地萬物都是由上帝所創造的等等。

事實上，人類出現在我們叫做「地球」這個星球上的時間很短。經過現代人類學家的努力，我們知道最早類似人類的動物是「非洲南猿」，因為他們的化石最早在南非被發現。「非洲南猿」有不同的類別，他們的腦容量雖然較小，但已可直立，牙齒也比猿要更接近人類，他們所生存的年代距今五百萬年至一百萬年前不等。

接下來是「巧人」，距今兩百萬至一百五十萬年前左右，生活於非洲東部（也許還有其他地方）。「巧人」的腦容量比「非洲南猿」大，臉和顎比較小，也有了臼齒，更重要的是他們已經能製造一些粗糙的石器，還可能已經有了初級的語言。

再進一步的發展是「直立人」，距今大約一百六十萬年前至二十萬年前，他們的化石在非洲、亞洲和歐洲均有發現。「直立人」又稱「猿人」，譬如西元一九二七年在中國北京附近周口店發現的「北京

宙斯——在古希臘神話中，宙斯是眾神之王，奧林匹斯十二主神之首，是統治宇宙萬物至高無上的主神，奧林匹斯許多神祇和許多希臘英雄都是他的子女。他以霹靂為武器，維持著天地間的秩序。他的兄弟「海神」波塞冬和「冥王」哈帝斯則分別掌管著海洋和冥界。三兄弟中，最為年長的是哈帝斯，其次是波塞冬，宙斯最小。希臘神話可見第二章。

創世記——基督教聖經的開頭，創世記一開始就是講上帝如何用六天的時間創造了世界：先有了光，再陸續造出空氣、大地、青草、果樹、星辰……在大功告成之後，將第七天定為安息日。

人」就屬於這一種。「直立人」的體質，尤其是四肢結構已經與現代人沒有什麼太大的差異，只是腦子比較小，頭骨比較厚，臉比較扁平，前額比較傾斜，下顎比較突出，已經知道用火，會製造手斧之類的器具，建造住處的技術也有進步。

「巧人」與「直立人」都早已絕跡。而現代人則稱為「智人」（*Homo sapiens*），「sapiens」這個字是拉丁文「有智慧的」或「聰明的」意思，今天世界各地的人種都屬於「智人」，是在距今三十萬年前左右首先出現於非洲，到了大約一萬年前，除了酷寒的南極洲以外，「智人」已遍布於地球上其他各洲。若與「巧人」和「直立人」相較，「智人」的體態比較輕盈，兩足站立的步態更穩，有大而圓的頭蓋骨，鼻子、牙齒與顎都比較小，雙手的拇指與其他手指分開，大大提高了做事的效率，腦容量平均有一千三百五十立方公分（現代人的腦容量大多超過一千四百立方公分），有了思考和智慧，能製造較為精細的工具，也擁有語言能力。最後這一點非常重要，因為這麼一來，大家就可以相互溝通、交流和傳遞經驗了。

值得注意的是，「世界一家」這樣的說法有某種根據；有學者指

基督教創世神話中，天地萬物是由上帝所創造的。圖為米開朗基羅所繪的上帝創造亞當圖。

出，現代人雖然有各種不同的種族，但追溯起來最初都屬於同一種類的「智人」，而種族之間的一些差異，譬如膚色，其實最初只是為了適應不同氣候而逐漸演化的結果，比方說，黃種人的膚色是為了適應寒冷的氣候，非洲人的膚色是為了免於受到紫外線的傷害，白種人的膚色則是為了適應多雲且陽光稀少的天氣。

以上是人類出現在地球上的時間，那麼地球又有多大歲數了呢？一般的說法是四十五億年（也有「五十億年」之說）。

這代表什麼意思？假設你現在正在讀的這本書是整個地球的歷史，那麼，前面兩百多頁全是漫長的洪荒歲月，直到最後一頁的最後三十個字左右，「直立人」才出現，「智人」則是到最後四個字左右出現，而所謂人類的歷史呢？大概只能算最後一個字的最後一撇，甚至可能連一撇都還不到呢。

很驚人吧！

◆文字，信史的開端

現在，我們就來看看人類的歷史吧。

一般說來，習慣上會把人類社會演化的過程分為「史前史」和「歷史」兩個階段，畫分的關鍵主要是著眼於文字的發明。不過也有學者認為這樣的畫分不大妥當，容易讓人誤以為史前史時期並不重要。其實早在文字發明以前，人類在社會制度乃至於製作器具的技術，都已經有了很大的成就，也為後來文明的發展奠定了基礎，所以也有學者主張應該把整個人類歷史分為「石器時代」和「金屬器時代」兩個階段；前者約略相當於文字發明以前的時期，我們對於這個階段的了解，主要是依靠挖掘出來的化石和器物，後者則約略相當於有了文字紀錄以後的時期。

文字的發明實在是太神奇了，以至於在很多民族的傳說中都認為，文字理當是「神」所發明的。比方說，希臘人認為文字是負責掌管商業和交通的神祇赫爾穆斯所發明，羅馬人認為文字是眾神的使者墨丘利所發明，埃及人認為文字是掌管學問和智慧的神祖特所發明的等等。中國則傳說文字是由黃帝的史官倉頡所創造。然而，如此博大精深的文字，絕非一個人的力量所能創造，應該是廣大先民共同的智慧和心血結晶。

總之，儘管文字的發明在整個人類文明史上極其重要，按中國古書《淮南子》的形容，是「天雨粟，鬼夜哭」，意思是說，有了文字，就容易有謊言，人類就有可能從此把精力都放在追逐一些不重要的事情上（或許是名利），而荒廢了耕種，這麼一來天下就會缺糧，於是上天就降下粟雨（「粟」就是穀子，去殼後叫做小米）；同時，諸鬼也憂心有了文字以後，一方面民智漸開，另一方面人們也將容易忙於征戰，從此不僅天下不得安生，恐怕就連他們冥界也將不得安寧，於是紛紛在夜晚哭泣……。無論如何，文字的發明終究是相當晚近的事，通常被視為文明的開端。

我們可以看看幾個例子，譬如埃及的象形文字發明，大既是在西元前三五〇〇年至前三一〇〇年，蘇美人的楔形文字形成於西元前三〇〇〇年左右；印度文字屬於西元前一五〇〇年，而在中國，一般認為是在西元前十七世紀開始的商朝（約西元前一六〇〇～前一〇四六年），這是歷史、也就是所謂「信史」（比較翔實可信的史書）的開端，距今大約三千六百年。

不過，根據近代考古成果，人們又有了一些新的發現，比方說在中國發現了一些陶器上的陶文，被認為是比商朝甲骨文還要更早的文字，譬如在陝西西安發現的半坡陶文可能就比甲骨文還要早兩千年以上，可以追溯至西元前四〇〇〇年至西元前三〇〇〇年，只是這還不是定論。

我們只要知道，以人類生存的漫長歲月來說，文字的發明其實是在很短很短時間之內所發生的重大事件。

2 舊石器人類　巧手製作手斧骨針

石器，是截至目前為止我們已知的人類最古老的工具，人類的遠古時代也因此被稱為「石器時代」。

首先，我們不妨先為「石器」這個詞做一個定義。什麼叫做石器？簡單來說，自然就是用石頭所做的器具。重點是，這些石器是誰做的？為了什麼而做？怎麼做？有哪些種類……？從這一連串問題，就可看出人類的文明在遙遠的遠古時代就已悄悄地萌芽了。

在這一節中，我們先來認識幾個生活在舊石器時代（距今大約三百萬年至一萬年）的人類。

● 尼安德塔人

這個名稱的由來，是因他們的化石是於十九世紀中葉（西元一八五六年）在德國杜塞道夫附近的尼安德塔峽谷被發現的。類似的骸骨碎片，後來在歐洲其他國家不少地方又陸續有所發現，有的地方還發現了完整的骸骨。

尼安德塔人生活在舊石器時代早期末代，距今四十萬年前左右，然後到了距

石器時代——考古學家根據石器製作的方法，將遠古時期大致分為「舊石器」和「新石器」兩個時期。

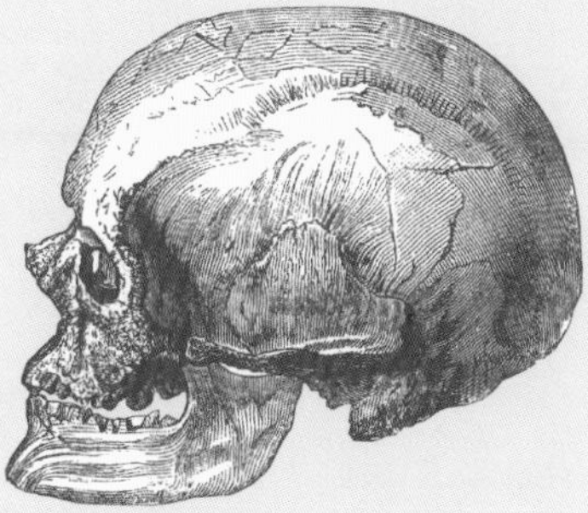

克洛曼儂人的頭骨（男）

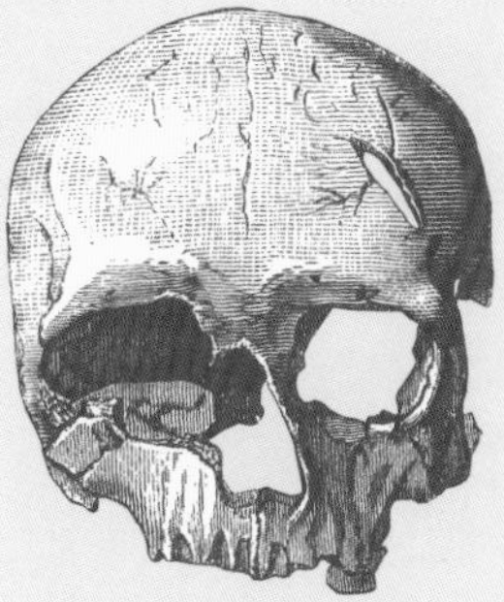

克洛曼儂人的頭骨（女）

舊石器時代的器具——刮刀

今三萬年至三萬五千年前絕跡。他們的身高大約一百六十五公分，雖然在體質構造上和猿有相似之處：包括下顎往後縮、額部傾斜、眉稜（就是生長眉毛的那個略微突起的部位）厚突等等，但他們的腦容量已經與現代人沒有差別。他們已經有了語言的能力，從他們居住的洞穴中發現有比較大的壁爐這一點來看，表示他們已經有了群居的習慣。

而尼安德塔人之所以普遍穴居，很可能與他們是生活在最後的「冰河期」有關。冰河時代開始於距今大約五十萬年至一百萬年間，而最後一次大冰河的融化然後向北退去，距今不過一萬年。冰河時代，在北半球大冰河曾經四次南侵，覆蓋了歐、亞、美三洲的北半部和高山區域。在兩次大冰河期間稱做「間冰期」，尼安德塔人就是出現於歐洲尚處在「第三間冰期」，所以當最後一次大冰河南下的時候，他們不得不躲在洞穴中抵禦嚴寒，經過漫長的歲月，學者們才得以在洞穴中發現了他們的殘骸和生活過的痕跡。

原本最早的石器製作，是把一塊適合（大小、形狀都適合用手來把握）的燧石，用碰擊、擊打的方法打掉一些碎片，使這塊燧石的邊緣變得比較銳利，這樣的石器稱做手斧或是拳槌。但尼安德塔人似乎已經不再製作手斧或拳槌了，而是以石片大量製作了很多尖頭的和刀、斧等石器（顯然可以讓他們在狩獵時更具攻擊性），以及一些便於刮、削之用的實用性石器，有些尖頭的石器還安上了柄，用起來勢必更加得心應手，這些都是長足的進步。

尼安德塔人會把死去的人埋起來，還會用工具之類的物品殉葬，這意味著他們很可能已經有了某種宗教信仰，至少是已經會思考關於生死這樣的概念。

克洛曼儂人

和尼安德塔人一樣，克洛曼儂人也是依照他們化石被發現的地方來命名；克洛曼儂人的化石是在法國南部的克洛曼儂洞穴所發現的。他們生活在舊石器時代後期，大約在西元前三萬年至前一萬年。

克洛曼儂人的身材頗為高大，男性平均超過一百八十三公分。他們可以完全直立行走，有寬闊的肩膀，前額頗高，眉毛不再那麼濃重，腦容量更是與現代人無異。

當時正值冰河時期，氣候非常嚴寒，同樣是以狩獵做為主要謀生方式的克洛曼儂人為了獲得更多的獵物，石器的製作不僅相當精良，種類也相當豐富，甚至還有不少以其他材質製作的器具，包括用骨頭製的、象牙製、馴鹿角製的器具，以及魚鉤、魚叉、標槍之類（表示他們也會漁獵）；到了後期，弓與箭也出現了。

從骨針的發現，可以看出克洛曼儂人已經會用獸皮來縫製衣服；從烤肉的壁爐，可以看出他們已經有熟食的習慣；此外，尤其令人讚歎的是，考古學家在法國南部和西班牙北部、屬於**克洛曼儂人**的洞穴中，發現了許多用色鮮明、描繪生動的壁畫，主題多半是他們經常狩獵和殺死的動物，學者推斷克洛曼儂人畫這些壁畫的目的，應該不是為了欣賞，而是有其他比較嚴肅的目的，譬如為了取悅這些動物的精靈，便於日後能更容易捕捉到這些動物。

中國地區三代表

現在讓我們把目光調回到東方，看看在中國地區，舊石器時代有哪些人類。主要可以北京人、河套人和山頂洞人做為代表。北京人是屬於舊石器時代早期的人類，河套人和山頂洞人則屬於舊石器時代中晚期。

北京人已會用火

北京人生活在五十萬年前左右。他們的遺骸是在北京西南周口店

克洛曼儂人——若要精確細分，克洛曼儂人是屬於舊石器時代晚期，這是史前人類一個大狩獵的時代，從今日法國一直到俄國一帶，到處都發現了大量的獸骨堆積。譬如在今天法國南部索呂特來發現了一個巨大的爐坑，這個爐坑顯然是為了燒烤之用，因為旁邊就棄置了大量曾經烤製過的獸骨，專家估計至少相當於十萬頭巨獸的遺體，顯示當時的狩獵量著實驚人。同時，專家推測，當時的狩獵應該是一種有組織的團體行動，然後成果由大家共同分享。若再配合克洛曼儂人在幽暗的洞穴中所留下的諸多令人驚艷的壁畫，甚至還可推測他們不僅是群居，而且還有了分工的概念。

出土的。早在西元一九一八年，就已經有人在周口店採集化石，大規模的發掘工作則是在西元一九二七至一九三九年，總計發現頭、牙齒、大腿骨等三十件左右，是世界學術界公認中國最早的人骨。

北京人頗為矮小，男性平均身高一百五十六公分，女性一百四十四公分。他們的四肢已經與現代人無異，但頭骨幾乎比現代人要厚一倍，腦容量很小，平均要比現代人少了三百立方公分；臉部的顴骨很寬大，嘴部突出，下顎有巨齒，頸部肌肉很發達。

北京人已經會製造尖狀、用來刮削的石器，以狩獵為生。從挖掘出來的豐富獸骨來看，他們很可能已經會使用投擲性的武器，否則戰果無法如此豐碩。還有一個重要的特點，北京人已經會用火了。

河套人

考古學上的「河套文化」，是指分布於山西、陝西、綏遠、寧夏、甘肅等省分交接處的河套地區，也就是內蒙古的伊克昭盟一帶。最初只出土了石器和骨器，而製造這些器具的河套人的遺骸，則是在後來相隔許久以後才被發現。

從北京人到河套人的時代，其間應該經過長期而大量的雨水。有些地區甚至

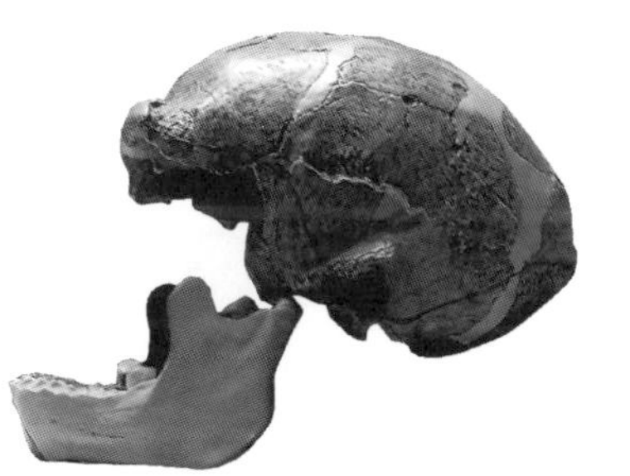

1929年在周口店發現的直立人顱骨（圖為複製品）。

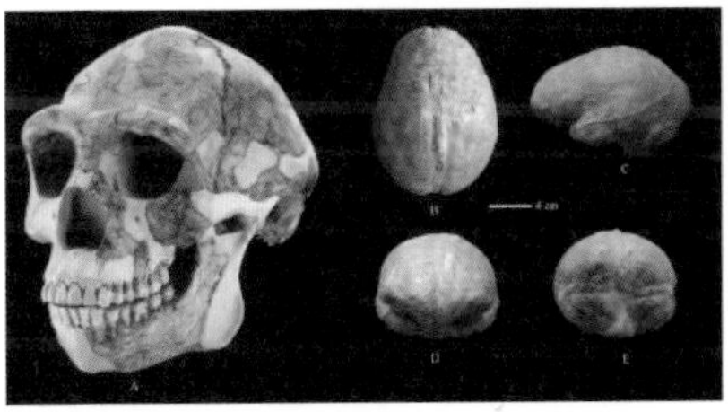

北京人的頭骨，從模擬圖可見其左右腦不對稱。

應該發生過洪水，以至山上的石塊被沖下來，緊接著在隨著雨水、洪水流動的過程中被磨成礫石，然後淤積在紅土的平地之上，造成礫石層；之後從西北吹來的黃色細沙落在礫石層上，又造成了華北的黃土層。從礫石層和黃土層出土的石器，可以看出這時期的技術有明顯的不同：從黃土層中出土的石器，製作方法比較進步；從帶砂的黃土層中所出土的石器，那就更為進步了，有三角形和多邊形的刮器和雕器，還有若干骨器。這類石器在考古學上被稱為細石器，已經很接近新石器時代了。

山頂洞人

「山頂」也在北京附近，屬於周口店範圍之內的一塊高地，高出地面大約六十公尺，中國地質調查所於西元一九三〇年發現了山頂洞，三年後正式開始挖掘，後來得到數百件人類遺骨、數十件人類化石頭骨、體骨，以及許多動物譬如獵豹、鴕鳥等骨骼化石。

根據這些遺骸遺骨的研究，表明山頂洞文化較河套文化為晚，山頂洞人大約生活在兩萬五千年以前，他們的文化自然比北京人和河套人都要來得進步。

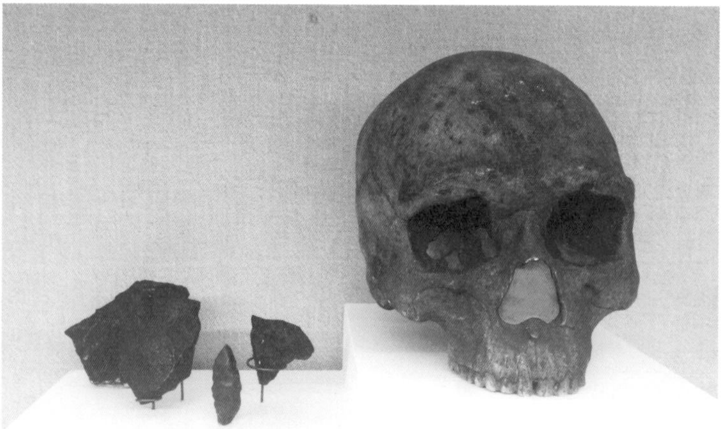

山頂洞人頭骨模型（右）和石器（收藏於上海自然博物館）。

山頂洞人也是過著漁獵生活。從發現的骨針推測，他們很可能已經會將鹿皮縫製成衣服；從很多裝飾性的獸牙（其中還有若干是染成紅色），表明他們已經有裝飾的概念和興趣。考古學家還發現了穿孔的小礫石、小石珠和骨墜等等，相當類似現代概念的飾品，這種鑽孔的技術是之前北京人所沒有的。

除了在石器製造工藝上的進步，考古學家還從中發現了更微妙的訊息。在山頂洞人的眾多遺物中，有一種由鹿角製成的短棒，看起來很像歐洲考古學家所稱的「指揮棒」，那是家族或種族的某種信物。如果山頂洞人的這個短棒真的是「指揮棒」，就意味著山頂洞人已經有了家族或社會組織。

總之，山頂洞人的文化較河套人又進了一步，他們所生活的年代已經大致可以與新石器時代相互銜接。

3 新石器時代　種植物、養動物

「新石器時代」是石器時代的最後一個階段。

不過，在舊石器時代結束之後（大約在西元前一萬年至五千年間），曾經有過一段過渡時期，稱為「中石器時期」，在這個時期，人類居住的地方已經變得比較固定，不再經常性地遷移，而且除了狩獵和漁獵，也找到別的管道來獲取食物，譬如魚類、貝殼類和**部分植物**。

中石器時期結束後，便是新石器時期了。

新石器時代究竟是從什麼時候開始的？世界各地都不相同，就像這個時期到底是在什麼時候結束？也是各地都不一樣。

新石器時代主要有以下幾個特色：

● 器具製作較精細

新石器時代之所以異於舊石器時代，第一個最明顯的標誌就是石器製作的方法不同。這時期的人類已經能夠想到、同時也有足夠的耐心用慢慢磨的方式，取代之前只是用碰擊、擊打的方式來製作石器。如此製作出來的石器，自然就會比較精細，花樣也很多。

想想看，我們現代光是廚房用具就有多少，假設只有一個鍋子，要靠它炒菜、下水餃、煮意大利麵、煎魚、蒸饅頭、烤雞、做蛋糕、做布丁……不是不可以，肯定沒那麼方便，對吧？當然是同時擁有好

部分植物——人類可食用的，自然只能是「部分植物」，因為有些植物是有毒的。「神農嘗百草」就是一則著名的中國上古神話，表示遠古的人們不僅會把植物充當食物，還會把其中一些植物做為藥物。傳說仁慈的神農看到人們得病，誓言要嘗遍所有的草，來了解哪些草可當做藥物以及有什麼療效，最後終因嘗到了斷腸草而死。人們為了紀念神農的恩德，奉他為藥王神，並建藥王廟四時祭祀。在中國大陸的川、陝、鄂交界處，就是傳說中神農嘗百草的地方，稱為「神農架」山區。

幾個針對不同烹飪目的的鍋子要方便得多啊。遠古時代的人類也是一樣，當他們製作石器的技術漸漸有所進步之後，自然就會基於想要讓生活更方便的需要，而製造出更多的器具。這種需要，是人類的一種本能，也是人類優於其他動物的特色之一。

考古學家在歐洲很多地方，包括英國、比利時、丹麥、荷蘭、德國北境等地都發現了磨光石器，還有用骨角和木頭所製作的器具。有柄的斧也成了非常重要的工具，可以用來砍伐樹木。

刀耕火種

在這個時期，最重要的事，可說是農業的發展。人類開始採取「刀耕火種」的方式來進行種植，具體過程是這樣的：

1、選定一塊林木茂盛的地區，把每一棵樹木的樹皮一一割破，讓樹木枯死，使陽光不受阻擋，得以直接照射在大地之上。

2、開始在這塊地區種植穀物。

3、經過一兩年後，放一把火把早已枯死的樹木燒掉，灰燼會促進土地的肥沃。

4、再過幾年，因為雜草和一些不是人們主動種植的植物叢生，這塊地會失去了耕種的價值，到這個時候，大家就會放棄這塊土地而轉移到別處，重新開始「刀耕火種」。

5、被放棄的土地漸漸又長出樹木……

飼養動物

人類最早所飼養的動物，包括狗、牛、羊、豬等等。許多上古神話都用童話的方式來「解釋」為什麼這些動物會開始和人類生活在一起，或是從童話的角度來描繪這些**動物和人類**之間的互動。

將飼養動物這個特點與前面所介紹的農業發展結合起來，所彰顯出來的重大意義就是，人類已經比較能夠控制環境了，也就是說，已經慢慢從過去「食物的採集者」轉變為「食物的生產者」。這可真是一個了不起的進步，別忘了在過去數十萬年乃至上百萬年當中，人類賴以生存的生活資源可是全靠大自然的供給，因此只要一次氣候的巨大變化或是某一個物種的短缺（譬如象、馴鹿等隨著最後一次冰河的向北退走而遷移或是被消滅），都會立即嚴重威脅到人類的生存，可

動物和人類——有一則中國上古神話〈糧食樹〉，就是在講為什麼狗會是人類最好的朋友？原來是在很久很久以前，當狗見到人類到了冬天就會因糧食短缺而挨餓，心裡很不忍，而在聽說遠方有一種神奇的糧食樹之後，狗就約了豬一起去尋找。經過千辛萬苦，他們總算找到了糧食樹，狗趕緊就地一打滾，用身上的毛沾上很多糧食樹的種子，豬因為沒有毛，能帶的種子本來就不多，更慘的是在回程過河時，豬身上的種子被河水沖刷得一粒不剩，狗卻靠著把尾巴高高豎起，為人類帶回了珍貴的種子。

是自從懂得農牧之後，人類的生活就比較有保障了，各種專門的工具也陸續出現。

● 定居

由於農牧的發展，人類居住的地方自然而然比過去要固定許多，就如同我們現在有一個名詞「定居」。

而「定居」生活又自然而然會帶來比較進步的社會分工，社會組織也就隨之發展起來。在新石器時期，已經產生了部落的組織，但所謂擁有明確的領土、法律及統一的權力等等，這種類似「國家」的概念，還是要等到有史時期之初才會開始形成。

說起來，在形成部落之前，人類社會的原始組織就是家庭。想要擁有相對固定的婚姻制度，似乎是人類與生俱來的想法，從比較固定的婚姻制度，很自然就會發展出家族的概念，再由家族形成氏族，然後幾個氏族合起來就成了部落。

● 圖騰制度

還記得我們前面介紹過的克洛曼儂人在洞穴裡所畫的壁畫吧？學者推測，那不是基於美學而出現，而應該是有其他嚴肅的目的，或許是想以此來安撫、取悅那些被他們獵殺動物的亡靈，希望牠們不要生氣，好讓大家以後還能較輕易的捕捉到這些動物。如此寄託於玄幻的做法，在新石器時代繼續施行，而且基於農業上的需要，「祈雨」成為新石器時代一種重要的宗教儀式。根據學者的考據，這類儀式還相當繁複，這麼一來，負責主持這類儀式的巫師或是祭司，也應該屬於社會上的特殊階級。

此外，在新石器時代還沒有法律的觀念，人類往往是靠著一些「禁忌」來約束大家，「圖騰制度」也就這麼應運而生了。

比方說，某一個氏族相信他們的祖先是來自於某一種動物，或至少與這種動物曾經有過密切且神祕的聯繫（遠古人類不僅相信萬物有靈，還相信萬物的靈彼此之間能夠互相轉換），所以選擇以這種動物做為氏族的象徵，這就是圖騰。而既然這種動物代表他們的祖先，平日他們必然也不會傷害牠們，甚至還會尊敬有加。

不同民族當然也會有不同的圖騰，譬如，屬於想像動物的龍，一直被視為是中國人的圖騰，而俄羅斯則有熊圖騰等等。

法國的蕭維岩洞的壁畫，應該是舊石器時代人們所留下。

遠古陶器

在中國，新石器時代早期雖然已經發明了製陶的技術，可是人們大多還是使用石器，直到新石器時代晚期才普遍應用陶器。最具代表性的就是彩陶與黑陶文化，同樣都是在新石器時代晚期產生於黃河流域，但兩者不屬於同一個文化系統，產生的地區也不一樣。

彩陶文化大約屬於西元前五千年至前三千年，陶器大致為淡棕色，上面繪有紅黑及白色的紋飾；由於這種彩繪技術是此文化的一大特徵，所以就被稱為彩陶文化；又因為最早是在西元一九二一年，由瑞典人安德生在河南澠池縣仰韶村，挖掘出了大批的彩陶及石骨等器具，所以根據「仰韶」這個地名，稱為「仰韶文化」。後來考古學家又陸續在遼寧、甘肅、山西、陝西、新疆、察哈爾等地發現了極其類似的遠古彩陶，足見彩陶文化的分布非常之廣，至於這些地區的彩陶文化是否同出一源，還有待更多的證據才能下定論。

黑陶文化則大約屬於西元前二五〇〇年至前二〇〇〇年，應該是在殷商之

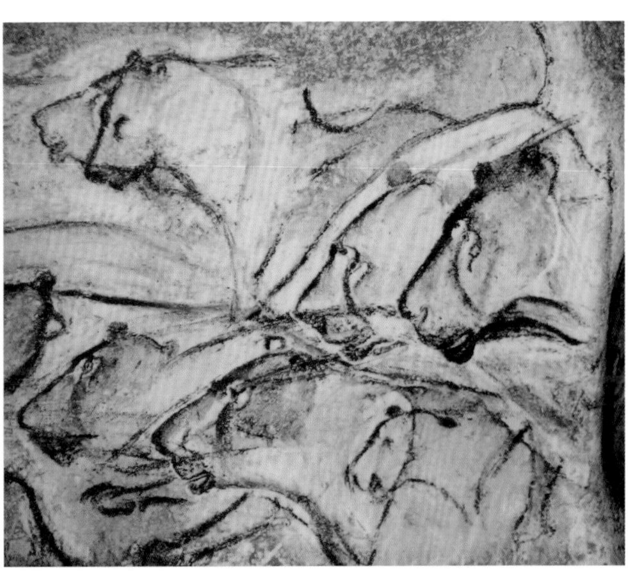

遠古人類繪畫動物，可能是為了安撫那些被他們獵殺動物的靈魂。

前；因為最初是在山東省歷城縣龍子崖發現的，所以又叫做「龍山文化」。黑陶的特色是黑、光、薄、多耳等等，但也有醬色，以山東半島為重心，沿著海岸線分布，北達遼東半島，南至杭州。

農業發展的天時與地利

在這一節結束之前，我們還是要來說一下關於新石器時代的起始問題。

我們把一些重要的時間點，稍微理一下。

新石器時代的部落，大約在西元前七五〇〇年出現在約旦河西岸，充分發展於西元前五〇〇〇年的埃及和美索不達米亞；在歐洲是在西元前三〇〇〇年左右；中國的仰韶文化（彩陶文化）與龍山文化（黑陶文化），則大約是在西元前五〇〇〇年至前二〇〇〇年之間。

此外，關於農業的發展，根據在伊拉克、巴勒斯坦的遺址發掘，學者們普遍認為，從整個世界的角度來看，農業很有可能是在西元前七〇〇〇年左右首先從中東開始發展。這應該是因為地中海東岸的西部有很多丘陵與山峰，面對西風的山丘地帶有足夠的雨水促進樹木的生長，然後遠古人類又找到了結實的禾本科植物，譬如小麥和大麥。在這些有利因素的影響之下，開始發展農業似乎是一件水到渠成的事。

接下來，農業生產的方法，便由中東往西傳到歐洲，向東傳播的速度則比較慢。北非因為在地理位置上接近歐洲和西亞，所以在西元前五〇〇〇年左右，新石器文化便已在埃及充分發展（埃及位於非洲東北部）。

不過，我們不能忽略的一點是，中國的仰韶文化已經是非常成熟的新石器文化，更何況中國最早期農作物中的粟（就是小米或稷），是遠古的中東所沒有的，因此中國最早期的農業有可能是獨自發展出來的，直到西元前二四〇〇年（遠在夏朝之前，還屬於上古傳說時代，也是龍山文化時期），小麥和大麥開始出現在中國，一般推測可能是從西亞所傳入。

無論如何，有了文字以後，整個石器時代也就宣告結束。

4 臺灣的先住民

讀到了這裡，住在臺灣的大家可能會很好奇，那麼我們的老祖先呢？臺灣是從什麼時候開始出現人類呢？

考古學家從西元一八九六年開始尋找這個問題的答案，至今已超過一百二十年，而且也有具體的發現。西元一九六八年，臺大考古隊在臺東長濱鄉的八仙洞，發現了一處年代約三萬至一萬五千年的遺跡，後來被稱為「長濱文化」，它是屬於舊石器時代晚期。長濱文化一度散布在臺灣許多地方，不過長濱人並不是現在臺灣人的老祖先，而且，後來長濱人就消失了，原因是什麼，目前學術界還沒有結論。

不過，考古學家認為，在長濱文化的那時候，臺灣並不是一個孤島，而是和周圍大陸相連的，不論是左側的臺灣海峽或是南方的南海，都是大片陸地，原始人類可以徒步從東南亞走到臺灣，或中國大陸的東南，反之也是。

到了約一萬八千年前，全球海水面開始快速上升，往後的一萬年間上升了一百多公尺，海水把臺灣和亞洲大陸其他區域隔開。然後，又到了六、七千年前，新的移民渡海來到臺灣，建立了「大坌坑文化」，這時臺灣就進入新石器時代。

「大坌坑文化」的這一批新移民，才是現在臺灣原住民族的祖先，他們懂得耕種，會磨製出精美的石器，而且還會製陶，也留下許多精美的陶器作品。在臺灣很多地方都可看見「大坌坑文化」的遺址。從遺址的大小、文化層堆積的型態，判斷臺灣在「大坌坑文化」時期已經有定居的小型聚落，主要是分布在河邊、海

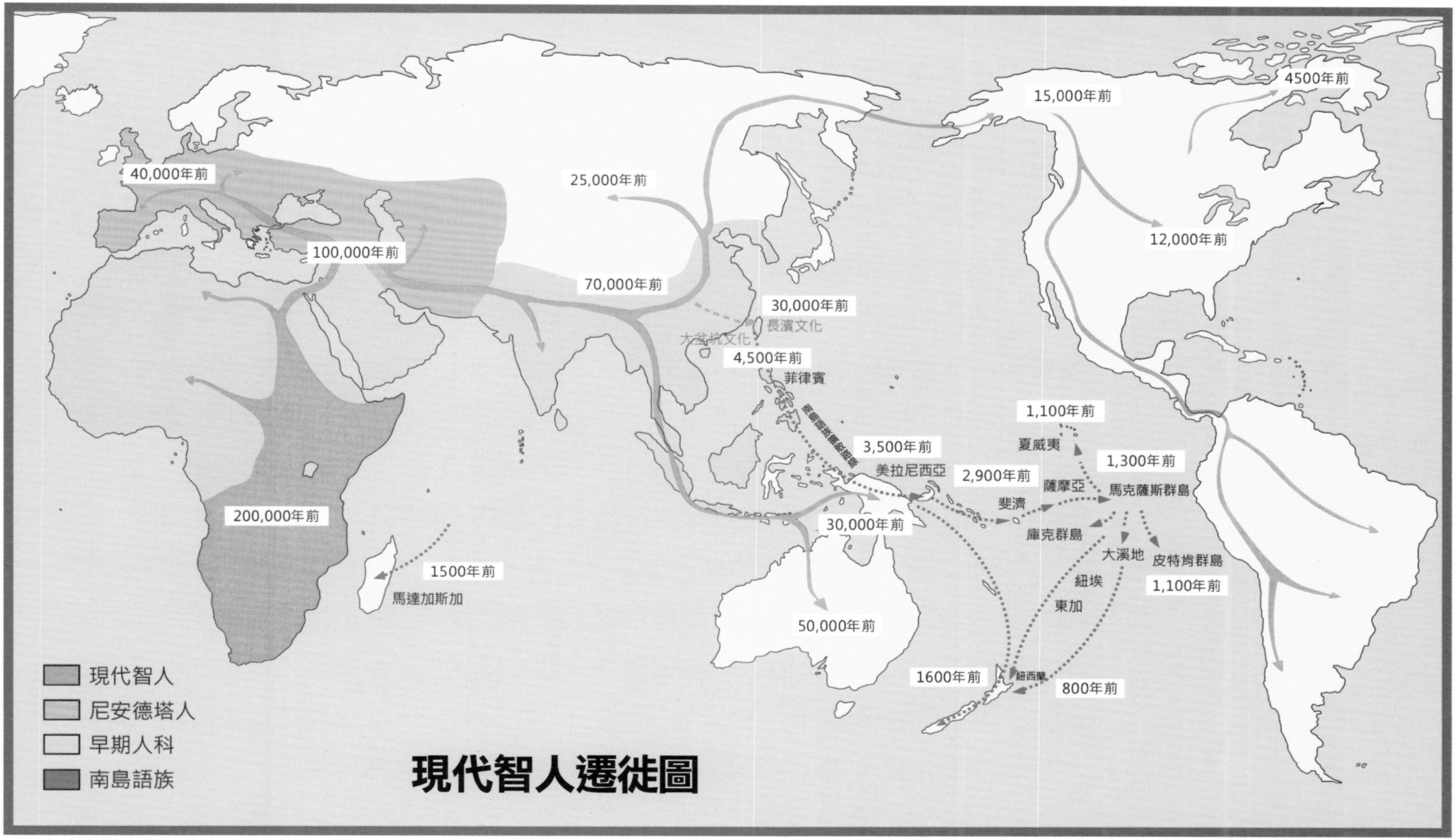
現代智人遷徙圖
現代智人
尼安德塔人
早期人科
南島語族
40,000年前
100,000年前
200,000年前
25,000年前
70,000年前
30,000年前
長濱文化
大坌坑文化
4,500年前
菲律賓
3,500年前
美拉尼西亞
2,900年前
斐濟
薩摩亞
1,100年前
夏威夷
1,300年前
馬克薩斯群島
庫克群島
大溪地
皮特肯群島
1,100年前
紐埃
東加
30,000年前
50,000年前
1600年前
紐西蘭
800年前
1500年前
馬達加斯加
15,000年前
12,000年前
4500年前

邊以及湖岸的階地。「大坌坑文化」是屬於新石器時代早期。

從這之後，也就是新石器時代中期，從「大坌坑文化」演化而來的臺灣史前繩紋紅陶文化就相當豐富了，包括有「牛罵頭文化」、「牛稠子文化」、「訊塘埔文化」、「繩紋紅陶文化」等等，距今大約四千五百年至三千五百年之間。在這個時期，臺灣的老祖先已經會長期定居在某個地方，聚落的規模較大、農業也相當發達，但是對他們來說，狩獵、漁獵等活動，還是相當重要的食物來源。

然後到了新石器時代晚期，臺灣史前文化被發現的就更多了，包括有「芝山岩文化」、「圓山文化」、「植物園文化」、「卑南文化」、「營埔文化」、「大湖文化」、「麒麟文化」、「鳳鼻頭文化」、「花崗山文化」等等，年代大約距今三千五百年到二千年之間。在這個時期，平原地區同樣是以農業為主，狩獵與漁獵活動為輔。

在新石器時期之後，還有幾個著名的遺址，也很值得我們認識。

- 十三行文化。位於新北市八里區淡水河海口交界處南岸。距今大約在一千八百年前到五百年前，屬於鐵器時代。「十三行文化」的老祖先，是目前確定擁有煉鐵技術的臺灣史前居民之一。
- 蔦松文化。和「十三行文化」一樣，「蔦松文化」也存在於距今大約在一八〇〇至五〇〇年前，並且也是屬於鐵器時代。它涵蓋範圍包括嘉南平原、高雄平原以及鄰近丘陵地區。除了使用鐵器之外，他們還廣泛使用特殊型製的紅褐色素面陶。

● 靜浦文化。位於東部，俗稱「阿美文化」，屬於鐵器時代。由於「阿美文化」有許多遺物都是直接在地表被發現，所以學者推測「阿美文化」所在的遺址，在不很久遠以前曾經是一個舊部落。

從以上這些文化遺址，可以發現，臺灣從舊石器時代、新石器時代、鐵器時代，都曾有人類活動過。著名考古學家張光直（西元一九三一～二〇〇一年）曾經說：「臺灣雖小，五臟俱全。」確實如此。

此外，張光直也推論，中國大陸東南沿海包括福建、廣東東部和臺灣一帶的史前居民，向南方移居者，成為日後南島民族之祖。從考古和語言分類的資料來看，南島民族的擴散，應該是與園藝農作相關聯。而年代在四千多年前的臺灣繩紋紅陶文化，代表著最早的南島語社群，所以臺灣應該是南島民族最早的原居地之一。

第二章　尼羅河孕育的埃及文明

尼羅河氾濫雖是天災，
但每年的規律變化也提供了奇妙的安全感：
退水季一到，埃及人馬上播種、耕耘、等待收穫，
在漲水季則趁著農閒，群策群力，建造金字塔；
埃及人將周而復始的大河生態，
賦予了正面的作用與意義……

1 大河氾濫　展示自然規律

水是生命之源，人類的文明也是從有水的地方開始的，也就是「文明肇始於大河流域」。所謂的「大河流域」，是指流域面積很廣的河流。世界四大文明發源地都屬於大河流域，分別是中國的黃河流域、埃及的尼羅河流域、近東的兩河流域以及印度的印度河流域。

「近東」通常是指地中海東部沿岸地區，包括非洲東北部和亞洲西南部，但不包括伊朗和阿富汗。

在這四大古文明當中，哪一個是最古老的文明呢？到目前為止，這個問題並沒有定論，不過，大多數歷史學家還是都普遍傾向認為是埃及文明。

古埃及歷史文明始於西元前三二〇〇年，是從新石器時代到有文字記載的時期。

古希臘史學家**希羅多德**（西元前四八五～前四二五年），與孔子（西元前五五一～前四七九年）所生活的年代相近，他曾經有過一句名言，說「埃及是尼羅河的恩賜」，或者「埃及是尼羅河送來的禮物」。關於

希羅多德——把自己旅行中的所見所聞，以及第一波斯帝國的歷史記錄下來，完成《歷史》一書，這是西方文學史上第一部完整流傳下來的散文作品。從古羅馬時代一開始，他就被尊稱為「歷史之父」，至今兩千多年都沒有改變。而且他也是西方文學的奠基人。希羅多德的寫作，採取了類似《一千零一夜》「在大故事中套小故事」般的結構，環環相扣，引人入勝，再加上他非常善於刻畫人物，在他筆下的人物，不管是統治者、王公貴族、學者、商人、士兵等等，或者是普通小老百姓，一個個都栩栩如生，躍然紙上。

埃及文明的起源，希羅多德這樣的描述可謂非常的生動和貼切。

埃及位於非洲東北部，境內有大片沙漠和流貫其中的尼羅河。尼羅河長將近七千公里，是世界上最長的河流，從非洲中部向北曲折奔流。於是，原本的沙漠經過尼羅河的沖積，尤其是每年尼羅河的定期氾濫，逐漸形成一個可供農業發展與人民聚居的三角洲。

從新石器時期開始，就有人類在這個三角洲活動。考古學家相信，至今還有些遺蹟深埋在尼羅河河谷之下。尼羅河流域的面積是三百四十萬平方公里，相當於四百七十八個正規的足球場，在遙遠的古代，這片土地就已經可以同時供養數百萬人口。

中國人有句老話叫做「一體兩面」，意思是說世間萬事萬物幾乎都是相對性的，有好就有壞，有苦就有樂，尼羅河之於埃及確實就是這樣的。雖然尼羅河每年都會定期氾濫，氾濫時會淹沒很多農田，但同時也會為兩岸留下肥沃的土地，據說，肥沃到只要種子落在上面，用不著施肥就能長成很好的農作物。

尼羅河河谷的東西兩側都是峭立的山崖，山崖之外是沙漠，東邊是阿拉伯沙漠，西邊是里比亞沙漠，尼羅河上游是難以穿越的崇山峻嶺，而要進入地中海的河口地方是一個大三角洲，除了河流下游三角洲這個部分之外，埃及幾乎全境終年無雨。就地理位置來說，埃及不僅相當安全，同時也是一個相當適於發展文明的地方；一方面既可免於遭受外來的侵略，另一方面也不易受到來自外界的影響，所以能夠致力於發展屬於自己的文化。

更何況，儘管身為埃及唯一水源的尼羅河每年都會氾濫，但都是定期氾濫，不會是毫無預警、突如其來的說氾濫就氾濫。這麼一來，就會大大降低人們心中的恐懼，反而還會讓人有一種安定的感覺，因為大自然固然令人心生敬畏，畢竟還是可以預測和預期。

埃及人依照尼羅河定期氾濫的規律，將一年分為「漲水季」、「退水季」和「收穫季」三個時期，每個時期（相當於每季）四個月，埃及曆法將一年分成十二個月，每月三十天，到了年終還有額外的五天。這就直接決定了埃及人對生活的安排；每年當漲水季來臨時，尼羅河會為河谷底部帶來肥沃的沖積土，待退水季一到，埃及人馬上把握機會耕耘和播種，然後就可以滿懷喜悅的等待收穫。可以說，河水氾濫本是天災，但由於尼羅河是定期氾濫，埃及人也就順勢將之賦予正面的作用與意義。

在遠古時期，這裡最初可能只是小小的部落，後來大約是基於興建水堤和運河的需要，以及每次漲水過後，由於田地的分界線消失，為了重新分配時能夠公

從金字塔位置看尼羅河氾濫的景象，韋伯斯特繪製於 1830 年。

平處理等諸多因素，促使社會組織日益擴大。根據學者考據，埃及在新石器時代晚期就已經發展出相當成熟的政治組織了。

甚至埃及的科學、藝術之所以都能夠萌芽得那麼早，還有埃及人對於生死問題的看法，都跟尼羅河有著千絲萬縷、極其密切的關係。比方說，為了測量土地面積，埃及人的數學和幾何學都相當專業；在漲水季節，由於大量的農村勞動力閒置，正好就可以把大家集中起來，建造一些大型公共工程（譬如金字塔）；尼羅河帶來的黑色泥土，又是製造泥磚和陶器的良好材料等等。

無怪乎埃及人會將尼羅河稱之為他們的「母親河」，因為確實是尼羅河孕育和催生了埃及文明。直到現代，埃及仍有百分之九十五以上的人口是集中在尼羅河附近。

2 上埃及與下埃及的紅白大戰

其實世人對埃及文明了解得很晚，因而在很長的一段時間裡，埃及文明給世人的印象就始終帶著一種神祕的色彩。

在十八世紀末（西元一七九八年），拿破崙（西元一七六九～一八二一年）遠征埃及，帶了不少學者同往，其中考古學家在埃及收集到了不少寶貴的資料，然而當時由於這些資料中的古埃及象形文字還無人可以破解，於是就先帶回法國珍藏（這種做法在現代看來自然是十分可議）。總之，直到二十多年之後（西元一八二二年左右），都進入十九世紀了，才有一位名叫尚波力翁的法國學者成功解讀了這些古老的象形文字，而終於揭開埃及的神祕面紗。

透過這些古老的資料，今天，我們已經可以知道埃及人大約是在西元前四〇〇〇年，從廣大的撒哈拉沙漠地區遷移來到尼羅河流域，最初當然是過著相當原始的生活，他們使用粗糙笨重的工具，建造堤壩，種植穀物，並且慢慢摸清了尼羅河的「脾氣」，逐漸將尼羅河兩岸開拓成不僅可以賴以為生，甚至還算相當富饒的地方。

接下來，埃及便從原始社會慢慢進入到奴隸社會，形成四十多個獨立的小國家。為了爭奪土地和奴隸，這些國家競爭激烈，征戰不休。就這樣，經過一千年左右的演變，在尼羅河的上游和下游，分別形成了兩個比較大的王國，分別是「上埃及」（埃及南部）」和「下埃及

上埃及王國的軍隊取得勝利——據說在第一天的戰鬥結束之後，上埃及王國的國王美尼斯趁著戰事稍歇，趕緊帶著將士祭拜神鷹。神鷹是他們的圖騰。上埃及王國上自國王、下至百姓，都認為鷹是最勇猛的鳥類，只要有了鷹的保佑，他們就必定能夠取得勝利，後來果真就打敗了下埃及王國的軍隊。

國都——航向順暢是首都地點的先決條件，確保河道交通便利，才能保持頻繁的對外往來及聯繫，也便於維持統治階層的穩定。

（埃及北部）」。不難想見，這兩個王國都想統一尼羅河流域，最後終須一戰。

西元前三一〇〇年，上埃及和下埃及爆發了戰爭。戰鬥持續了三天三夜，最終由**上埃及王國的軍隊取得勝利**，下埃及王國的國王只得摘下自己紅色的王冠，對上埃及王國的美尼斯國王俯首稱臣。

美尼斯國王原本當然也有一頂王冠，是白色的，於是，在稍後慶祝勝利的大會上，他就把一白一紅兩頂王冠一起戴在自己的頭上，表示統一了上下埃及，並自稱「上下埃及之王」。為了紀念這場統一戰爭，美尼斯國王將這個戰場命名為「白城」，並且在此建造**國都**，並命名為**孟菲斯**。

美尼斯國王所建立的帝國，就是歷史上赫赫有名的「古埃及帝國」，也開啟了古埃及歷史中的王朝（指統治者都出自同一家族）。美尼斯國王自然是第一王朝的建立者和統治者，他是神鷹的化身，人們在石壁上刻著神鷹，以此來表達對國王的崇敬，這些珍貴的石壁藝術一直保留到了今天。

從美尼斯國王以後，埃及就有了全國性的政府，也有了文字。

孟斐斯——遺址位於今天尼羅河三角洲南部，開羅以南的拉伊納村，只要從開羅沿著公路南行三十幾公里就到了，在古代剛好就是上下埃及王國的交界處。今天在孟斐斯遺址附近，仍保存許多著名的金字塔和獅身人面像，包括著名的階梯狀的金字塔（這是古埃及第一座金字塔），還有巨大的拉美西斯二世（古埃及第十九王朝法老）的花崗岩雕像等等令人讚歎不已的古蹟。關於金字塔，我們在下一節中會再做進一步的說明。

埃及曆法，以象形文字刻在泥磚上。

3 金字塔　法老的天梯

在開始這一節的敘述之前，我們得先了解有關古埃及歷史的分期問題。

目前全球學術界對於古埃及歷史的分期，多半是根據西元前三世紀埃及有一位名叫馬奈圖祭司的紀錄；馬奈圖在《埃及史》一書中（大約在西元前二八〇年成書），將古埃及分為三十個王朝。

此外，也有學者將古埃及分為以下幾個時期：

- **古代時期**（西元前三一〇〇～前二六八六年）。
- **舊王國時期**（西元前二六八六～前二一八一年）。
- **中王國時期**（西元前二一三三～前一六〇三年），相當於中國歷史上第一個世襲制的朝代，也就是夏朝。
- **新王國時期**（西元前一五六七～前一〇八五年），相當於中國的商朝。
- **晚期**（西元前一〇八五～前五二五年），相當於中國商朝末、經過西周到東周的春秋時期。

不過，以上這樣的分類也只是一個相對普遍的說法，關於古埃及歷史的分期，以及各個分期究竟是從什麼時候開始？又是在什麼時候結束？其實還有其他不同的說法。我們至少要知道，自從我們上一小節所介紹的美尼斯國王在西元前三一〇〇年統一了上下埃及王國之後，古埃及至少經歷了三十個王朝（也有三十一個王朝的說法），然後經過一些起起伏伏的動盪，終於在西元前三〇年滅亡（相當於中國的西漢末年）。

埃及滅亡之前的最後一個王朝，叫做托勒密王朝，這個王朝的最後一位君主，就是克麗佩脫拉女王（西元前六九～前三〇年），俗稱「埃及艷后」，影視作品經常喜歡拿她來大做文章，她死的時候三十九歲（古埃及人的平均壽命不過三十歲）。

法老是天神的人間代表

現在我們可以回頭來介紹法老和金字塔了。先介紹法老。

大家一定都知道法老就是埃及的君主，不過，你或許不知道「法老」這個詞的本意其實是「大房子」或是「王宮」。為什麼要用一個形容場所的名詞來稱呼一個「人」呢？當然是因為這個人可不是普通人啊，他是埃及的統治者，太尊貴了，尊貴到實在不便直接稱呼他的名字，因此就用他居住和辦公的場所來做為代表。

鷹在埃及文明中象徵著至高的權威。

其實這跟中國歷史上向來避諱皇帝的名字，在本質上的意義是一樣的，譬如宋朝第二任皇帝宋太宗趙光義（西元九三九～九九七年），本名趙匡義，後來「因避其兄宋太祖名諱改名趙光義」，「諱」就是「避諱」、「迴避」之意，在封建時代為了維護等級制度的尊嚴，一般人在說話和寫文章時，如果遇到君主或尊親的名字都不直接說出來和寫出來，這就叫做「諱」，在這樣的思想之下，建立宋朝的宋太祖趙匡胤（西元九二七～九七六年）雖然是宋太宗的親哥哥，但親哥哥既然當上了皇帝，做弟弟的當然就得改名了。

而埃及人對於君王的尊崇更「過分」。不能提君王的名字、特意改以君王的住所或辦公處「法老」來稱呼只是其一；還有就連大臣在覲見法老時也必須趴在地上，親吻法老腳前的土地；除此之外，法老還必須嚴格執行「內婚制」，也就是說必須與自己的姊妹結婚。

這是因為在埃及人的信念裡，法老不僅是埃及的統治者，還具有神的地位，是天神（光明與善良之神）**何拉斯**的化身，可以說是「活生生的何拉斯」，所以必須保持法老神聖血統的純潔性。

如此一來，也就限制了覬覦王位的人數，有助於減少政治動亂。總之，埃及

何拉斯——埃及神話的特點之一，就是大部分的神明形象都是「人的身體、再結合某一種動物的頭部」，而由於何拉斯的形象是「鷹頭人身」，因此鷹在埃及也是最高權威的象徵。

鷹頭人身的天神何拉斯。

人對法老的尊崇，實際上與維持政治的統一有著非常密切的關係。

古埃及不僅是**神權政治**，而且是政教合一，因此，法老擁有雙重身分；除了是君王，同時也是大祭司。

當然，握有絕對權威、絕對權力的法老（主要是憑藉著強大的軍事武力），在管理國家的同時，也有義務保證社會秩序，因此總會敦促地方官員為老百姓仲裁各種糾紛。

在這裡，還有一個相當特別的地方值得向大家介紹，那就是古埃及社會儘管階級分明，從王族以下，分別還有世襲貴族、官吏、中產階級（包括商人、手工藝者、自由農民等）、農奴，以及奴隸（經由戰爭得到的俘虜、形成的最卑賤的一個階級），但整體而言，古埃及社會組織的基礎還是家庭。根據古老的文獻顯示，埃及人似乎很喜歡家庭生活，也很喜歡孩子，而古埃及婦女地位之高，在近東古國之中更是絕無僅有。

比方說，在近東古國之中，埃及幾乎是唯一容許婦女繼承王位的國家（所以才會有女王）；在法律上他們實行一夫一妻制，即使貴為法老，也只能有一位合法的配偶；在家庭裡，男人雖然是一家之主，

神權政治——宗教在古埃及人的生活中占有非常重要的分量，接下來隨著文明的演進，埃及人的宗教逐漸有了理想、道德乃至於哲學的意味。古埃及人的信仰屬於多神教，多半都是用動物來做為神明的象徵。

但女人也有相當的地位，有權繼承財產、有權擁有自己的財產，也可以從事商業等等，比其他古代社會的婦女地位實在是好得太多。

回到法老這個話題。由於法老的地位實在是太過尊崇，當法老「去世」以後，埋葬的方式自然也就必定不同於其他人，譬如要修建巨大的墳墓，這就是金字塔。

獅身人面擋不住盜墓者

在前面「當法老『去世』以後」這個句子中，為什麼「去世」這個詞要特別加上引號呢？

這是因為古埃及人對於死亡的看法相當特別。

即使一個人還活著的時候，埃及人也認為身體是靈魂的容器。他們把靈魂稱做「卡」，而且認為，每天晚上靈魂都會離開自己的身體，直到清晨再回來；當一個人一旦「死亡」，他們也相信靈魂會復活，所以必須保留身體這個容器，這麼一來，靈魂在復活之後才能回到自己的居所。基於這樣的「實際需要」，埃及人才發明了屍體防腐術，然後製造木乃伊。

哈特雪普斯女王的人面獅身像。

而法老的「死亡」，更只不過是暫時「搬」到另外一個極樂世界去居住而已，隨時可以再回到人間，因為法老本來就是永生的，因此不但要好好保存他的身體，還要為他修建宏偉壯觀的墳墓。

還有一種說法是，在古埃及第三王朝以前，埃及人（不管是社會上哪一個階級），死後都是埋葬在用泥磚砌成的長方形墳墓裡，後來由於埃及人認為法老死後會成為神，神的靈魂將會升天，為了便於法老的靈魂升天，這才開始將法老改葬於金字塔。

這種說法，是根據考古學家在金字塔發現了一段鐫刻的銘文，上面寫著：「為他建造起上天的天梯，以便他由此登天。」所謂的「他」，自然是指法老。

同時，有學者認為金字塔呈角錐體的造型，就是象徵著刺破藍天的太陽光芒。

金字塔的興建，以舊王國第四王朝最為著名（大約在西元前二六八〇～前二五六五年，也有更早的說法），因此學者都將這個時期稱為「大金字塔時代」。

法老辛努塞爾特三世的人面獅身像。

在這個時期規模最大的一座金字塔，是法老古夫的金字塔，這是**世界七大奇蹟**之一，也是七大奇蹟中目前唯一現存的建築。這座金字塔占地十三英畝；用掉了至少兩百多萬塊石灰石，每塊平均二．三公噸；底部呈正方形，每一邊的長度有兩百三十公尺，繞行一周大約一千公尺；它原本高達一百四十七公尺，但是經過數千年來的風吹雨打，頂端已經被剝蝕掉將近十公尺。儘管如此，在十九世紀末（西元一八八九年）法國巴黎艾菲爾鐵塔建造完成之前，這座古夫金字塔一直都是世界上最高的建築。

如此巨大的金字塔，自然是需要很多的人力、花費許久的時間才能完工；根據希臘史學家希羅多德的估計，為了建造古夫金字塔，應該至少投入了十幾萬的人力，花了二十年的光陰才宣告完成。

在古夫金字塔附近，還有一座屬於古夫之子卡夫拉的金字塔，這座金字塔旁邊有一座二十公尺高、五十七公尺長的獅身人面像也非常有名。之所以雕刻成獅子的身體，是因為在埃及神話中，獅子是各個神祕之處（包括地下世界）的守護者，所以這座獅身人面像其實是專門為法老來守門的。

金字塔是古埃及文明的象徵。在今天開羅附近的城市吉薩，我們可以看到三座尼羅河西岸地區的三座巨大金字塔，除了古夫金字塔，另外兩座是卡佛爾及曼

世界七大奇蹟——在西方人公認的七個古老的人造景觀中，埃及古夫金字塔是歷史最為久遠的一個。至於最早是由誰提出「世界七大奇蹟」這個說法則並無定論，有的說是西元前三世紀一位名叫安提帕特的旅行家，有的說是西元前二世紀一位名叫斐羅的科學家所提出，總之都是由來已久。

學者打開圖坦卡門的棺槨。

考爾的金字塔。以規模而言，卡佛爾金字塔僅次於古夫金字塔。

為什麼古埃及人後來漸漸就不再建造金字塔了呢？有些學者認為，盜墓賊的猖獗，應該是促使後來的法老**放棄興建金字塔**的主要原因。

4 埃及人的腦袋想什麼？

古埃及擁有相當高度的文化成就，我們可以從幾個方面來介紹：

羅塞達石碑保留埃及文字

首先，我們來了解一下古埃及的文字。

雖然古埃及人所說的的語言究竟如何發音，已經不可考，後世只知道他們說的是一種混合的語言，但早在西元前三千五百年左右，他們就已經發展出「可以寫的語言」，被後世稱為「象形文字」（這個字源自希臘語，意思是「神聖的刻畫」）。

埃及象形文字的形成不是一朝一夕，而是經由相當複雜的演變過

放棄興建金字塔——不再修建金字塔之後，埃及法老就將荒山當做天然的金字塔，也就是沿著山坡的側面開鑿地道，修建豪華的地下陵寢。在西底比斯一個不太顯眼的山谷裡，不只一位法老和權貴在這裡修建了一座座陵墓，因此被稱為「帝王谷」，當然，這些陵墓也還是無法逃過盜墓者的打擾。其中，只有一座陵墓，竟奇跡般在沉睡了三千三百多年以後，才被英國的考古學家發現，這就是著名的圖坦卡門法老陵墓。

程，按順序大致是這樣的：

1、用一些有如繪畫般的符號，來表示生活中一些具體的東西。

2、在約定成俗的情況之下，有些符號漸漸開始被用來表示某些抽象的概念，這就是「字」。

3、繼續發展下去，古埃及人慢慢就有了能代表音節的符號，這些符號遂與之前的「字」相互混合。

4、到了舊王國時代初期，也就是在西元前兩千年前後，埃及人已經發展出二十四個符號（字母），其中有子音和半子音。

5、這些字母與許多音符和意符相互結合，但母音則從來不曾寫出來，到了這個時候，「象形文字」這才終於形成。

古埃及的象形文字非常適合刻在**石碑**或石壁上（看上去就像圖畫啊），而在埃及人的生活當中還有另外兩種字體：一種是比較官方的、屬於簡化後的象形文體（相當於行書），一種是民間所使用的、更簡單的通俗字體（相當於草寫）。

古埃及人始終沒有把「字母」和「非字母」的文字分開，直到一千五百多年以後，腓尼基人才完成了這個工作，然後慢慢傳播至西

石碑——十八世紀末，拿破倫遠征埃及時，法軍在尼羅河口的羅塞達發現了一塊石碑，被後人稱為「羅塞達石碑」（Rosetta Stone），上面的碑文是由希臘文、埃及通俗字體和象形文字三種文字所刻成。後來多虧一位法國人查波昂（西元一七九〇～一八三二年），成功解讀了這塊石碑上的文字，後人對於古埃及文字的研究工作才取得了突破性的進展。羅塞達石碑現存大英博物館。

方各地，成為後世許多重要的字母文字，譬如希伯來文、拉丁文、希臘文、阿拉伯文、印度文，以及從以上這些文字再進一步衍生出來的近代字母文字的共同淵源。

無論如何，我們要記得字母的原理是古埃及人發明的，也可以說埃及人是世界字母文字最早的發明者，這是埃及文明對整個世界文明極大的貢獻。

有了文字以後，除了一些官方公告之類，自然也就慢慢有了文學。古埃及的文學主題大多是與讚美尼羅河、歌頌團隊合作、表達宗教思想有關，也有一些比較通俗和娛樂的作品。

埃及人的書寫用具也很值得一提，屬於就地取材；他們利用一種生長於尼羅河沼澤地區、叫作「紙草」的植物，把它的莖部纖維先充分浸水，再加以捶壓，晾乾之後就可以拿來書寫。在古埃及時代，這種書寫用具是埃及主要的輸出商品之一，定期輸出至地中海各地。不過，請注意，這當然還不是真正意義的「紙」；真正意義的紙，從象形文字發展成熟算起（西元前三千五百年左右），還得再等上三千多年，直到西元一〇五年，中國的**蔡倫**才終於發明了紙。

總之，在中世紀前半，阿拉伯人把中國的造紙術傳到西方之前，埃及這種用紙草加工而成的書寫用具一直通行於西方。

蔡倫——東漢時期一個很愛動腦筋的宦官（生年不詳，卒於西元一二一年），他總結前人的一些相關經驗進行改善，並加以創新，採用樹皮做為原料造紙，開創了近代木漿造紙的先河。蔡倫在西元一〇五年向皇上呈獻了紙。由於他曾經被封為「龍亭侯」，所以當時老百姓都把蔡倫發明的紙稱做「蔡侯紙」。

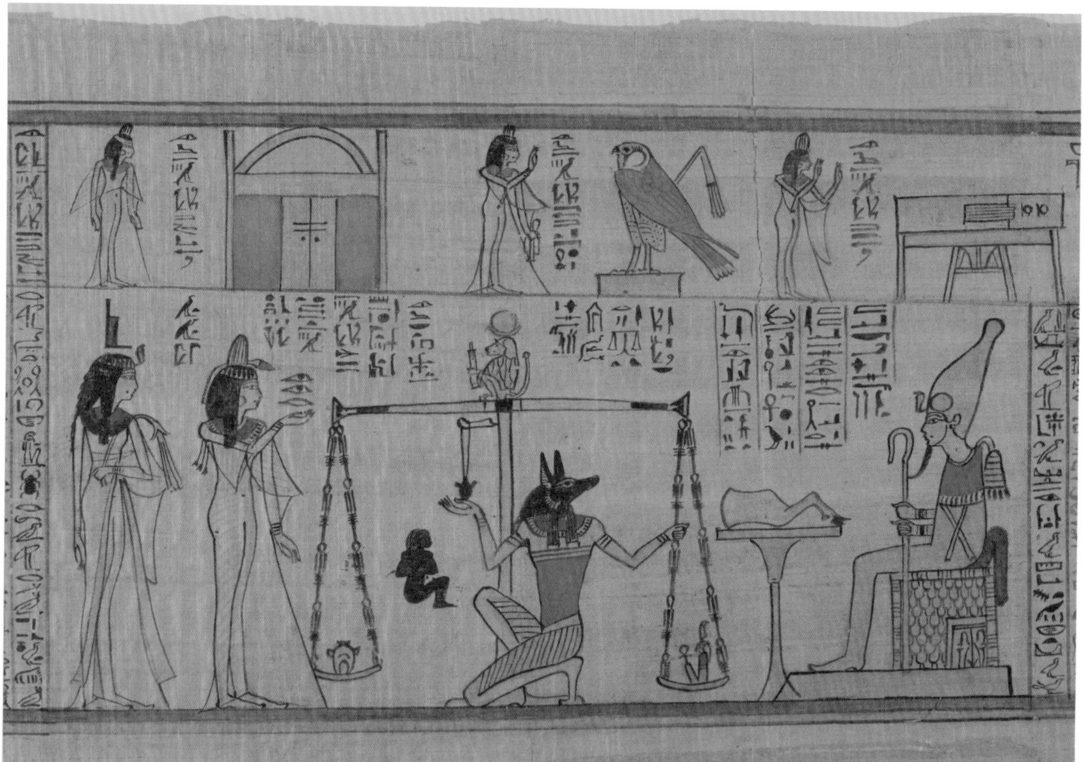

莎草紙上繪寫著死後審判的情景。

運用醫學概念製作木乃伊

木乃伊，是許多影視作品很喜歡拿來發揮的主題。只要一提到埃及古老的文化，最先浮現在大家腦海的，似乎就是金字塔和**木乃伊**。

埃及人為什麼要做木乃伊？主要是因為他們相信來生，或者說他們相信靈魂是不會死的，不僅不會死，還會回到逝者原來的身體，所以自然要把屍體妥善保存。

不過，木乃伊也是有分等級的，據說按費用多寡分為三個等級。要製作最高等級的木乃伊至少需要七十天的功夫，過程大致如下：

1、先將死者的大腦及內臟取出來，分別裝在四個容器（卡諾卜罈）中。
2、將屍體清洗、脫水以防腐臭，並且用天然碳酸鈉將屍體做乾燥處理。
3、將死者下腹部左側的開口縫合，用一個平板蓋著下腹部的開口。
4、在死者的眼窩內放入假眼球或是其他物品。
5、用油膏、香料、樹脂等等填入屍體體內。
6、用亞麻布緊緊的裹住死者。
7、為死者穿上衣服，放進為死者量身定做的棺木之中，最後還要在死者臉

木乃伊製作方式——由於古埃及人在這方面留下的資料太少，世人大多都是依賴希羅多德的描述。希羅多德曾在西元前四五〇年左右遊歷過埃及，了解木乃伊是如何製作，然後記錄下來。現代學者認為希臘多德的描述大致是正確的。

用來保存死者內臟的卡諾卜罈。

部戴上一個假面具，至此才算是大功告成。

古埃及人不論是誰，都希望自己「死後」能被做成講究的木乃伊吧，但有些人可能付不起，那麼，那些窮人該怎麼辦呢？他們通常只能將屍體用亞麻布裹住，旁邊再放一根手杖或是一雙涼鞋，表示讓死者走向永生世界。

不管能不能被做成考究的木乃伊、不管生前社會地位如何，反正，埃及人相信每一個人在「死後」都能在另外一個世界過上美好的生活。關於這一點，埃及人相信大家的待遇是完全一樣的，因此，這種永生的信念對於維持社會各個階層的穩定，自然也有一定的助益。

從木乃伊的製作，其實就已不難想見古埃及的醫學必定相當進步。確實如此。古埃及人已經明白心臟與脈搏的作用，醫學已經分科，至少有外科、牙科、眼科、腸胃科等等。根據西元前一七〇〇年的文獻顯示，埃及人在診斷和處方上相當進步，為了便於醫生來開處方，特地編製了後世所知道的世界最早的藥物目錄，後來有些處方傳入近東和歐洲，甚至時隔數千年直到現在，還在希臘一些窮鄉僻壤繼續被使用。

◆─當天狼星與太陽同時在東方升起

除了醫學，古埃及人的其他科學也都相當進步。

基本上，他們的科學是基於實用目的而發展，譬如為了想要保全屍體，所以發明了屍體防腐術；為了想要了解和掌握尼羅河每年定期氾濫的情形，便於農耕（畢竟古埃及社會的經濟是以農業為基礎），他們經過長期的觀察，在天文學上有了突出的成就，發現只要當天狼星（天空中最明亮的星）與太陽同時在東方升起，尼羅河就會開始氾濫，因此逐漸發展出相當進步的「太陽曆法」，確定每年有三百六十五又四分之一天；為了宗教祭祀和禮儀的需要，他們還有一套陰曆；為了建築和其他需要，他們在算數與幾何方面卓然有成，發展出十進位的計算方式（但還沒有「零」的概念），「百萬」是他們最大的計算單位，也已經有了分數的觀念。為了因應每年尼羅河氾濫後需要重新測量土地，古埃及人對於圓柱體、半球體、三角錐體的體積以及面積的計算已經相當精確，所以像我們前面所提到的古夫金字塔，它的底部呈四方形，塔基四邊每一邊的平均誤差竟然不到區區一吋（二．五四公分）！還可以在建造每一座金字塔之前就算出需要多少石塊……

這些石塊，每一塊的重量平均都超過兩公噸，都是從尼羅河東岸開採來的，

火藥——關於製造火藥，中國歷史上最早的記載是出現在唐朝中期，其實是煉丹術士們無意中的發明，後來逐漸演變成用硫磺、硝石和木炭的混合物來配成黑火藥。到了唐朝末年，火藥開始運用在軍事上，十三世紀以後經中亞傳入歐洲。火藥、紙、印刷術和指南針，是中國古代四大發明。

當時還沒有火藥，古埃及人是怎麼製造這些巨石的呢？原來他們是用銅或青銅製的工具，先在岩石上打出洞眼，插上木楔，然後灌水，當木楔因泡水而膨脹到一定程度的時候，岩石便會被撐裂了，接下來還要把這些巨石放在巨大的滾木上，以人力或是動物拖拉到建築金字塔的地方……

凡此種種，再加上冶金術、合成青銅的技術、日晷和刻漏的發明，以及製作精美的金銀首飾、陶器、玻璃器皿等等，古埃及人在科學方面的進步，著實令人驚歎。

最後，我們還要簡短的介紹一下關於古埃及人在文學之外的其他藝術，主要是表現在雕刻與繪畫，而這兩者往往都是與建築結合在一起，如我們前面提到過位於卡夫拉金字塔旁邊的獅身人面像，就是一個很好的例子。

其實古埃及人的繪畫發展得很早，可以追溯到新石器時代，當時就已經有很多壁畫，和畫在紙草上的畫，都相當有特色。

5 跟不上鐵器時代，就落伍啦！

古埃及時代歷時大約三千年，擁有如此高度文明的古埃及，後來是怎麼走上衰亡的呢？

◆——埃及豔后畫下帝國句點

分析起來，不外乎內外兩方面的因素：

在對內部分，儘管從當年第一王朝建立以後，原本法老應該是具有無上的權威，可事實上在埃及最後宣告滅亡之前，由於來自多方面的衝擊，法老已漸漸喪失了統治權。與此同時，又陸陸續續發生了內部動亂以及遭到外來勢力的侵略。這些種種都對古埃及的歷史走向產生了極大的影響。

尤其是在西元前一五〇〇至前一〇〇〇年間，整個世界文明已經進入了鐵器時代，但是埃及本身不產鐵，就算想從亞洲進口鐵也極為困難，以至於埃及軍隊的戰鬥力逐漸無法與持有鐵製武器的其他國

亞歷山大——這是一個非常氣派的名字，意思是「人類的守護者」。他是古希臘北部馬其頓的國王。從小聰穎過人，到十六歲為止一直都是由古希臘著名的哲學家亞里士多德（西元前三八四～前三二二年）負責擔任他的導師。亞歷山大過世時年僅三十三歲，被後世公認是歷史上最成功的統帥之一，一生從未嘗過敗績，在三十歲的時候就已經建立了西方古代歷史上最大的帝國，疆域從愛奧尼亞海一直延伸到喜馬拉雅山山脈，可以說是藉由戰爭的方式，將希臘的思想和法律傳播到世界各地。

家相抗衡，在西元前十一世紀末，埃及就已不得不放棄過去龐大帝國的地位，而且在東地中海地區也不能再恢復過去銅器時代所享有的地位。

西元前十世紀中葉以後，利比亞人與蘇丹人相繼控制了埃及的王朝。西元前六七〇年，埃及人被亞述人所征服，雖然在八年後（西元前六六二年）又恢復了獨立，在文化上也得到某種程度的復興，可是一百多年以後、在西元前五二五年又被波斯人所征服；「波斯時期」持續了將近兩百年，直到西元前三三二年，馬其頓王**亞歷山大大帝**（西元前三五六～前三二三年）將埃及併吞，此舉使得埃及在接下來很長一段時間都屬於希臘羅馬世界的一部分。

在亞歷山大大帝死後十七年，他的部將托勒密於西元前三〇六年稱「埃及王」（托勒密一世），這就是我們前面所提到過的埃及最後一個王朝，延續了二七六年，直到最後**埃及豔后**「自殺」身亡，托勒密王朝乃至整個古埃及就這麼亡了，埃及從此成為羅馬帝國的一部分。

埃及豔后——克麗佩脫拉女王的一生極富戲劇性，她一直致力於避免國家遭受羅馬併吞，甚至因此捲入羅馬共和國末期的政治旋渦，與凱撒（西元前一〇二～前四四年）和安東尼（西元前八三～前三〇年）都關係密切，所以民間一直流傳著許多關於她的軼事。不過，據說真實的克麗佩脫拉女王相貌平平，並不美艷，是她的聰慧使得她魅力無窮。另外，她「以毒蛇自殺」這個說法，最早是見於西元一世紀希臘哲學家普魯塔克（約西元四六～一二〇年）所撰述的名人傳記，此後一直深入人心。但其實普魯塔克是在克麗佩脫拉女王死後七十多年才誕生，後世不少學者

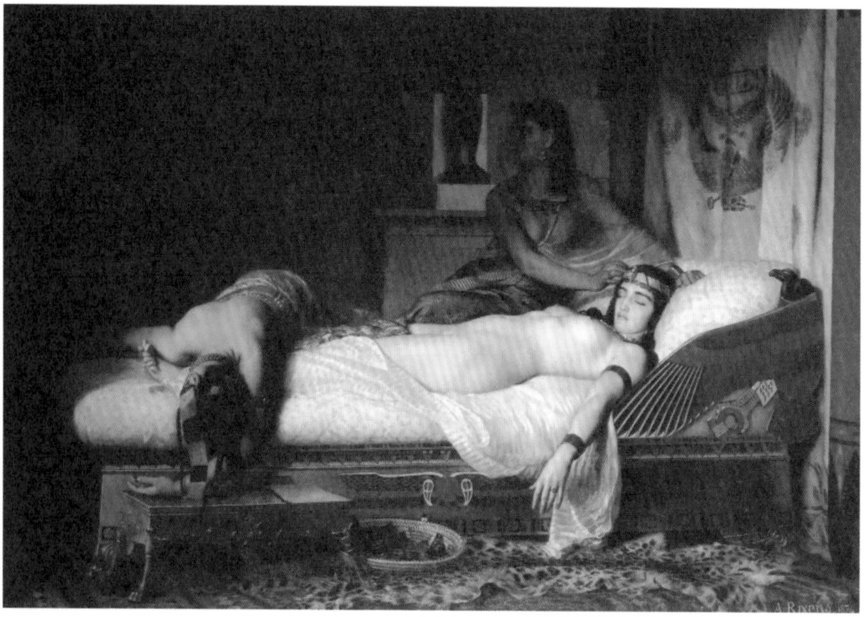

埃及豔后的死因始終眾說紛云。

推敲普魯塔克的說法，普遍認為有諸多疑點，而傾向主張克麗佩脫拉女王其實應是死於屋大維（西元前六三～西元一四年）謀殺。

各有堅持的法老

除了埃及豔后，我們不妨來多認識幾位比較特別的古埃及君主。

法老阿穆斯

舊王國時代的埃及原本既繁榮又和平，後來由於財政惡化（後世學者推測很可能與興建金字塔有關，因為在這個時期完成的金字塔超過二十座），再加上貴族奪權，中央王權開始出現了式微的跡象。到了中王國時期，底比斯的貴族統一了埃及，中央王權才明顯得到短暫的恢復。

到了西元前十八世紀中葉，來自西亞的遊牧民族西克索人，挾著強有力的弓箭以及馬匹和戰車，悍然越過西奈半島侵入埃及。不巧此時的埃及內部不能團結，因此完全無法抵擋，西克索人勢如破竹，沒花多大功夫就控制了埃及，占據了埃及的王位長達一百多年。一直到西元前十六世紀，法老阿穆斯領導埃及人民學會了如何運用西克索人的武器，終於趕走了西克索人。

哈特雪普斯女王

自西元前十八世紀以後，古埃及進入新王國時期。前面我們已經提到過，按埃及王朝的慣例，如果沒有合法的男性繼承人，可以由女兒來繼承王位。新王國時期的法老圖特穆斯在執政三十年之後，由於沒有兒子，便將政權交給他的女兒哈特雪普斯和她的丈夫圖特穆斯二世，讓這對夫妻來共同執政。後來，圖特穆斯二世在過世之前雖然已經指定要由三世來繼承王位，但妻子哈特雪普斯根本不聽他的，反而更加毫不掩飾的獨攬大權，將自己的攝政延長了二十二年，造成了圖特穆斯三世在統治初期的艱難。

野心勃勃的哈特雪普斯，行事作風頗為特別，比方說，她把自己的名字改為過去男性法老們的名字，還喜歡把自己打扮成男性的模樣，並戴上假鬍子，刻意追求一種雄赳赳、氣昂昂的男性形象。

在哈特雪普斯統治時期，建造了許多包括陵墓、**神廟**等令人歎為觀止的建築，這是她留給後世的珍貴文化遺產，然而由於她缺乏軍事才能，導致許多小國紛紛趁機興起。

法老圖特穆斯三世

神廟——有學者指出，愈是集體主義化的社會，在藝術方面的表現就會愈趨重於建築，古埃及就是這樣的；古埃及的建築，在古王國時期最著名的就是壯觀的金字塔，在中王國和新王國時期，則是以宏偉為特色的神廟。在宗教信仰之餘，金字塔和神廟其實也都屬於權力崇拜。另外，新王國時期的建築數量，在埃及可說是首屈一指。

哈特雪普斯過世之後，圖特穆斯三世總算可以一展長才了。

西元前一五六七至前一〇八五年是新王國時期的極盛時期，在此時期，埃及不斷向外擴張。圖特穆斯三世治國的時間長達半個世紀（西元前一四九〇～前一四三六年），他曾經連年征戰（至少有十七次親征），使得埃及的國土較之以往擴大了許多：往南擴展至尼羅河第四瀑布，往東北推進至幼發拉底河，征服了巴勒斯坦和敘利亞，稱得上是軍功彪炳。

法老阿梅諾菲斯三世

法老阿梅諾菲斯三世為埃及奠定了藝術的基石，對於許多神廟、塔樓、宮殿、金字塔宏偉的大門等等，都非常講究。此外，他的外交政策也相當成功，對外保持了良好的和平關係。

法老阿曼霍泰普四世

這是一位相當有爭議的法老，他對國家政務毫不關心（似乎也不擅長），一心一意只想從事宗教改革。

這是因為在新王國時期初期，宗教信仰帶來很多粗俗的迷信，譬如祭司會造出許多符咒之類的東西，鼓勵人們買去葬在死者的墓穴之中，這些符咒和相關文字大多寫在紙草上，被後世稱之為「死者之書」。眼看迷信之風愈來愈猖獗，祭司階級也愈來愈跋扈，阿曼霍泰普四世遂決心加以改革。

他首先把祭司逐出神廟，又命令全國老百姓從此必須通通改信日神阿頓，還把自己也改名為「阿克納頓」，意思是「日神阿頓的僕人」。這可以說是古埃及一次「一神」崇拜的試驗。然而，埃及自古以來一直都是「多神」崇拜，忽然要大家只崇拜一位日神，大家都很難適應和接受，再加上祭司階級的阻擾和破壞，這次的改革終究還是失敗了。在阿克納頓之後，繼位的法老立即又恢復了傳統的多神崇拜。

法老拉美西斯二世

法老阿曼霍泰普四世幾乎把所有的心力都放在宗教改革，以至停止了王國的對外擴張，直到**拉美西斯二世**，才又恢復了對巴勒斯坦和敘利亞南部的控制，並與來自小亞細亞的西臺人發生了軍事衝突，然後在西元前一二七〇年訂立了和平同盟條約，內容包括了今後雙方互不侵犯、引渡犯人、共同防禦等事項。根據學者考據，這很可能是人類有史以來最早的一個國際條約。為了慎重起見，條約是刻在銀版之上，雙方各執一份，只不過，基於保護各自的尊嚴，雙方都表示是對方主動求和。

拉美西斯二世——開羅的博物館裡，目前仍保存有一具完整的埃及法老的木乃伊，就是拉美西斯二世。

拉美西斯二世頗為貪圖享受，妻妾子女數以百位計，並喜歡大興土木，強迫大量的奴隸修建神廟、宮殿等等，對於戰績又總是喜歡一再自誇，凡此種種都加速了埃及走向衰亡。

法老拉美西斯三世

拉美西斯二世屬於新王國時期的第十九王朝。原本經由第十八王朝幾位法老的努力，埃及已成為一個地跨西亞北非的大國，但是在拉美西斯二世之後的繼位者，慢慢面臨來自大批海洋民族的威脅，接下來希伯來人也逐漸興起，埃及開始遭受外族的入侵。直到第二十王朝的法老拉美西斯三世，終於率領大家再次將海洋民族擊退。

法老拉美西斯三世可以說是古埃及歷史上最關鍵的一位人物，也是最後一位還具有影響力的法老；在他之後，埃及的國勢就日趨衰落了。

拉美西斯二世的拉美西姆神廟。

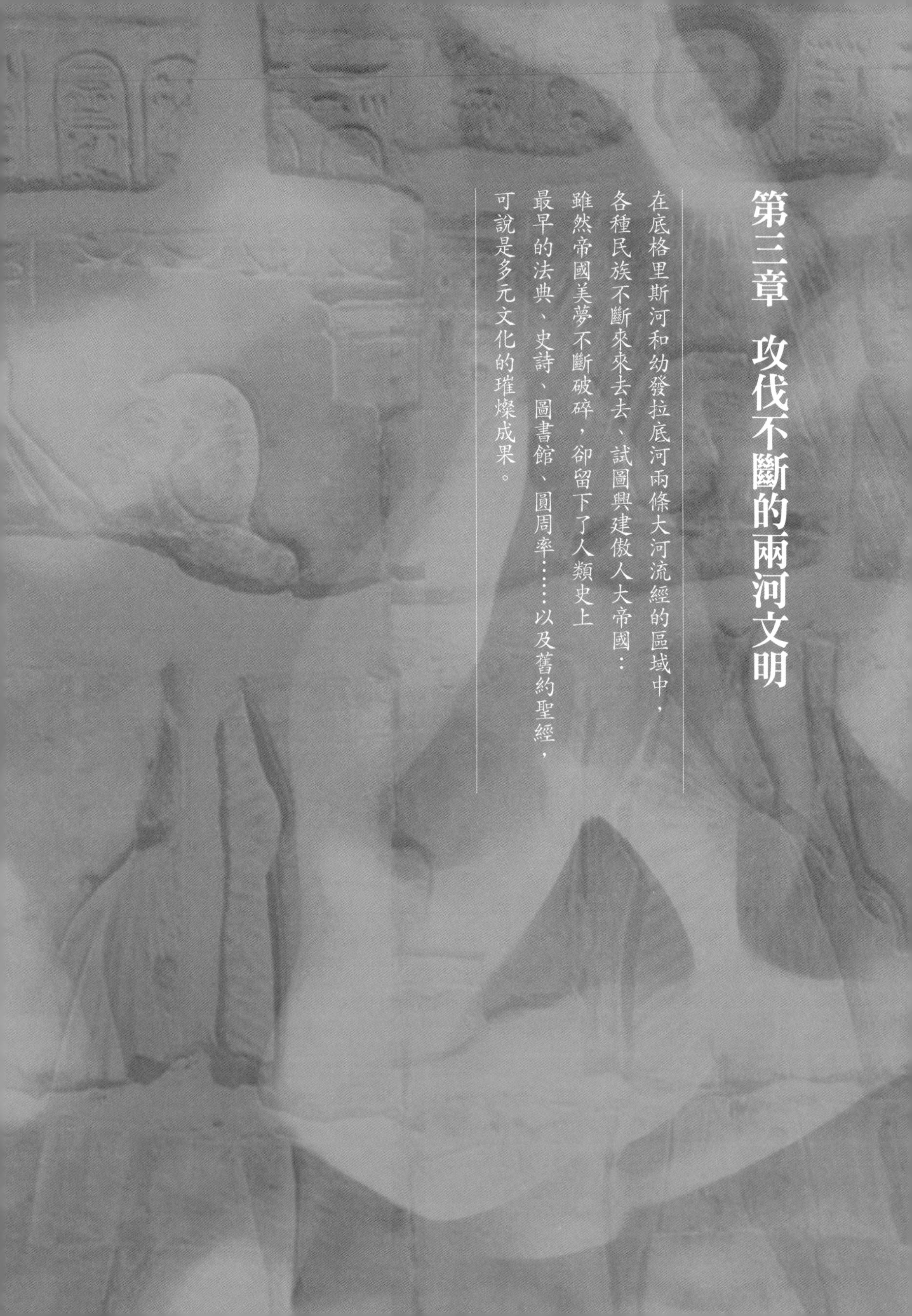

第三章　攻伐不斷的兩河文明

在底格里斯河和幼發拉底河兩條大河流經的區域中，
各種民族不斷來來去去、試圖興建傲人大帝國：
雖然帝國美夢不斷破碎，卻留下了人類史上
最早的法典、史詩、圖書館、圓周率……以及舊約聖經，
可說是多元文化的璀燦成果。

1 兩河環繞肥沃月彎

一般都公認古希臘文明是歐洲古代文明的最高成就，但其實早在古希臘人進入文明階段之前，兩河流域的文明就已經持續長達兩千多年了，可以說，日後希臘人的許多成就，都是在兩河流域文明的基礎之上所發展起來的，因為早在五千多年以前，兩河流域的人們就已經發展出相當高度的文明。

就整個世界文明來看，埃及文明和兩河流域文明到底誰先誰後？這個問題在學術界至今仍然沒有定論；大多數學者支持應該是埃及文明較先，但也有學者認為應該是兩河流域文明更早。不過可以確定的是，由於地理位置接近，這兩種文明不僅都廣泛影響了古代的近東和地中海世界，甚至也曾相互影響，之後經由希臘羅馬的傳承，埃及文明和兩河流域文明中的一部分就這樣成為後世西方文明的源頭。

有一個基本觀念我們一定要先搞清楚，那就是後世所說的「兩河流域」，原名叫「美索不達米亞」，這是希臘語，意思是「兩條河之間的土地」。那麼，是指哪兩條河呢？就是底格里斯河和幼發拉底

希臘——全稱為「希臘共和國」，位於歐洲東南角、巴爾幹半島南端，國土除了本土部分，還擁有愛琴海中三千多座島嶼。本土的東北部與土耳其接壤，從西北往正北方向則與阿爾巴尼亞、馬其頓和保加利亞三國為鄰，海岸線自東而西又分別瀕臨愛琴海、地中海本域與伊奧尼亞海，可以說是一個連接歐亞非三大洲的國家，歷史悠久，可以一直上溯至古希臘文明。

河；前者長一千八百五十一公里，後者長三千五百九十七公里，是西亞最長的河流。

這兩條河都發源於土耳其東部，並且都朝東南方向奔流，最後在伊拉克東南端匯流，形成阿拉伯河之後，再流入波斯灣。底格里斯河貫穿伊拉克，幼發拉底河則曾經多次改道，流經敘利亞和伊拉克。

其實「美索不達米亞」這個詞有廣義與狹義兩種不同的定義，古代的「美索不達米亞」是採狹義的定義，單純的指兩河之間的土地，相當於今天的伊拉克；若簡單區分可以分為南北兩個部分，南部稱為蘇美，北部稱為阿卡德。

另外一種也相當普遍的說法則稍顯複雜，基本上也是將古代的美索不達米亞分成三個部分，北部稱為亞述（就是今天的巴格達至波斯

美索不達米亞平原的北部和西部通向地中海，南接印度洋。

肥沃月灣——屬於地理名詞，最早是由一位美國的埃及學家布瑞斯提所提出來的，原指始於地中海、延伸到兩河之地，包括巴勒斯坦、腓尼基、敘利亞及兩河流域之地，由於在地圖上的形狀看起來像一彎新月，因此命名為「肥沃月灣」。肥沃月灣上有三條主要河流的流域，除了幼發拉底河和底格里斯河之外，還有一條約旦河，加起來一共有四、五十萬平方公里。後來也有其他學者把肥沃月灣的定義擴大，將埃及也涵蓋在內。

灣等地）；中部稱為巴比倫，但位於巴比倫的北方叫做阿卡德；南部則為蘇美地區。

總之，美索不達米亞的北部和西部通向地中海，南部則通往印度洋。

兩河流域的自然條件在很多地方都與尼羅河流域頗為相似，比方說，都拜河流之賜形成了一個狹長的谷地，尼羅河在非洲東北部形成谷地，兩河則在亞洲西南部形成谷地，只不過兩河所形成的谷地不如尼羅河區域封閉；谷地都同樣有利於人口的集中；居住在谷地周邊的人們，農業用水全賴尼羅河和兩河的氾濫等等。

然而，儘管兩河流域地理環境的條件不錯，尤其是通過敘利亞沙漠、沿著幼發拉底河直到敘利亞北部這塊地區，還被稱之為「**肥沃月灣**」或「新月沃土」，但是底格里斯河和幼發拉底河的氾濫不如尼羅河規律，而且一旦開始氾濫所造成的災難經常更甚於尼羅河，尤其是底格里斯河的氾濫非常嚇人，水勢之猛、破壞力之強，總讓人感到無比的絕望，彷

1493 年《紐倫堡編年史》中的諾亞方舟。

1675 年法國畫家所繪的《打造諾亞方舟》。

佛末日將至。西方遠古傳說中洪水毀滅世界的故事，譬如基督教《聖經》中「**諾亞方舟**」的故事，就是源自兩河流域。

其次，兩河流域的氣溫也不如尼羅河流域平均，往往夏季太熱，冬季又太冷。我們就以今天伊拉克中部平原來做參照，夏季竟然可以高達攝氏四十八點八八度，冬季又跌至冰點以下。如此極端的氣溫，再加上河水氾濫的不規律，可想而知想要在這裡保持穩定的

1864 年美國畫家所繪的《諾亞方舟》。

諾亞方舟——按《聖經》的記載，諾亞根據上帝的旨意，在洪水來臨之前建造了一個巨大的方舟，然後他們一家八口帶著超過一年的糧食，以及各種飛禽走獸（都是雌雄各一對），登上了方舟。不久，大洪水來了，淹沒了一切，只有諾亞一家以及方舟裡的生物得以逃過一劫。洪水過後，諾亞方舟擱淺在阿勒山上（專家認為就是現在亞美尼亞和土耳其東部、一座直徑約四十公里的死火山錐，可見當時洪水造成的積水有多深）。後來上帝以彩虹做為立約的記號，表示以後不會再因人類的緣故而詛咒大地，並且會讓各種生物從此生生不息。

農業生產，自然是比尼羅河流域要來得困難，人們的生活也就比較艱困。

還有很重要的一點是，兩河流域缺乏尼羅河流域所擁有的天然屏障；由於流域兩側沒有峭立的山崖，無論從上游或東側山地，或者是從西南方的沙漠地區，都很容易就可以進入兩河流域的谷地。這直接影響了兩河流域的文明；由於不同的民族入主過這裡、建立過不同的王國，不僅造成文化的發展有時會出現中斷的情況，也使得人們對生死等哲學方面的思考，與埃及文明有著非常明顯的差異。

2 異族入侵　融入閃族

在開始正式介紹兩河流域的文明之前，我們不妨先對曾經在這裡活躍過的人們有些大致的了解。

● 蘇美人

早在西元前五千年左右，兩河流域就已經有人類居住，我們姑且稱之為原住民。如果原住民不算，蘇美人是目前已知最早來到兩河流域的人群，他們很可能是來自今天的土耳其或伊朗高地；大約

拉加什的古迪亞塑像，他是一位蘇美人的統治者。

在西元前四千年左右，蘇美人就已出現在兩河流域，然後與原住民相融合。

在西元前三千五百年前後，兩河流域曾經發生過一次大洪水。洪水過後，蘇美人完全占有了兩河流域下游（也就是南部）的蘇美。由於南部的土地非常肥沃，不免就引起附近其他民族的覬覦，蘇美人不僅要面對兩河流域的氾濫問題，還必須拿起武器保衛家園。

他們最初的政治組織形式是城邦，先後在兩河流域建立了好幾個奴隸制的城邦國家，都是以某一個城市做為中心，再連同周圍的土地，人口一般僅數萬人。為了搶奪財物和奴隸，經常征戰不休。後來，很多城市因為臨近海洋而成為經濟活動熱絡的新興據點，並且逐漸走向君主政體，終於導致蘇美氏族制度的崩潰。

蘇美人是兩河流域文明的奠基者，這方面，我們會在下一節再做更詳盡的介紹。

● 阿卡德人

在西元前二三五〇年左右，蘇美人被阿卡德人所取代。

阿卡德人屬於閃族人的一支，原來居住在兩河流域的中部，後來擴張的速度很快，到了西元前三千年就已擴展至幾乎整個美索不達米亞地區，然後在首領薩爾貢和薛胡金的帶領之下，從死海等地進入蘇美地區，建立了王朝。薩爾貢是阿卡德王朝的創始者。

阿卡德王朝統治兩河流域大約一百年，後來因為外族入侵，使兩河流域產生極大的混亂。在此期間，蘇美人的勢力一度得到復興，文化發展更是達到鼎盛。

●阿摩利人

阿摩利人是另外一支閃族人，他們從西側進入兩河流域，在阿卡德王朝昔日舊地建立巴比倫城。到了西元前一七六〇年左右，巴比倫城邦第六任國王漢摩拉比花了二、三十年的時間，先後滅掉了其他城邦，統一了兩河流域，建立了第二個統一的閃族王國，史稱「古巴比倫王國」。

經過古巴比倫王國時期，蘇美人和蘇美文明已完全被閃族人所吸收融合，「蘇美人」從此成為了歷史名詞。

●開賽特人

西元前一六〇〇年左右，開賽特人從東北山地入侵，不僅滅掉了古巴比倫王國，也把馬兒傳入了兩河流域，後來無論是在埃及或是西亞，馬的使用就愈來愈廣，尤其是被廣泛做為軍事用途。

亞述人

亞述人擅長以馬和鐵兵器作戰，從西元前第十世紀開始就發展出一個非常好戰的軍國主義帝國，全盛時期為西元前第八和第九世紀。

也就是在西元前第八世紀，西元前七二九年，亞述人征服了巴比倫，之後一直到西元前六二五年的一百零四年之間，兩河流域都是屬於亞述帝國的領土。

加爾底亞人

加爾底亞人也是閃族人的一支，定居於兩河流域的西南方。西元前六一二年，他們和米太人聯合起來攻陷了亞述帝國的國都，亞述帝國宣告滅亡。

隨後，加爾底亞人繼亞述人之後成為了西亞帝國的主人。後來，就連過去亞述人都未能征服的猶太王國也被收入了他們帝國的版圖。由於加爾底亞帝國定都於巴比倫，所以史稱「新巴比倫王國」。

加爾底亞帝國的國祚僅八十七年（西元前六二六～前五三九年），後來被波斯帝國所滅。隨著加爾底亞帝國的滅亡，古兩河流域閃族人王國的歷史也就到此結束。

亞述軍隊凱旋歸來的情景。

繪有古代亞述人服飾的插圖，上圖左 4 和下圖右 2、右 3 都是國王不同場合的裝扮。

亞述人相信有翅公牛會守護神殿與寺廟。

3 蘇美文明　奠定兩河流域文明的基礎

前面我們已經說過，蘇美人是兩河流域文明的奠基者。之後的巴比倫人、亞述人，都是在蘇美文明的基礎之上再加以增飾，然後發展出屬於自己的文化。

不僅兩河流域的文字是蘇美人所創造的，其他諸如宗教、法律、商業以及大部分的科學，也都是蘇美人所奠定的基礎，只有在藝術、政治組織、軍事技術等方面，後繼的閃族人才有更重要的創造和表現。

現在，我們就從幾個方面來了解蘇美文明。

◆ 楔形文字達意又表音

學者推斷，大約打從西元前三五〇〇年左右，蘇美人在兩河流域下游（也就是南部）安頓下來之後，他們就創造了「**楔形文字**」。

楔形文字最初也是象形文字，比方說，蘇美人會用一個圖案來表示「天空」、一個圖案表示「水」、一個圖案表示「鳥」、一個圖案

楔形文字——十九世紀上半葉（西元一八三五年），一位名叫羅林森的法國學者，在伊朗哈馬丹郊外的貝希斯頓村附近，發現一塊石塊，上面除了當時已知的新埃蘭文和古波斯文之外，還有一種學術界都不認識的文字，每個筆畫都是由粗到細，看上去就像一個個小小的木楔子似的。經過八年的努力，到了西元一八四三年，羅林森先譯解了其中的古波斯文，再拿古波斯文與這種陌生的文字對照，終於成功解讀。由於它猶如木楔的形狀，所以就被稱為「楔形文字」。

表示「牛」等等。如果要表示某一種狀況或是現象之類，那他們就將兩個圖案結合，譬如將「天空」和「水」結合，是表示「下雨」。

後來，為了簡化，就慢慢發展出用一個圖案（或視為「符號」）表示好幾種意思，比方說一個「腳」的圖案，除了「腳」的本意，也有「站立」、「行走」之意，就看寫字者怎麼用。若按現代概念來說，就是要結合上下文、注意語境，這就是「表意符號」。

隨著語言的發展，「符號」也可以用來表示聲音，蘇美人又逐漸將原本的圖畫符號演變出大約三百五十個表音符號，成為一種「表音文字」。為了表達某一個字是什麼意思、應該發什麼音，蘇美人又發明了「部首文字」。

蘇美人發明的楔形文字，被後來的阿卡德人、巴比倫人和亞述人所大致採用，然後經過若干變異，再發展出屬於他們自己的楔形文字。事實上蘇美人的楔形文字可以用於任何語言，之後的西臺人和波斯人也都採用。

由於蘇美人當時還不懂得造紙，所以一般都是寫在**泥板**上。他們會先用細細的繩子在泥板上打好格子，再用蘆葦或是小木棒，把頭削尖，再在泥板上「寫字」（其實應該說是「刻字」），所以才會造成落筆處比較粗、提筆處比較細，看起來

泥板——最初的泥板形狀不一，有的是圓形，有的是不規則形，不方便書寫也不方便存放，後來才慢慢改為方形。保存至今的蘇美楔形文字幾乎都是刻在方形的泥板之上。

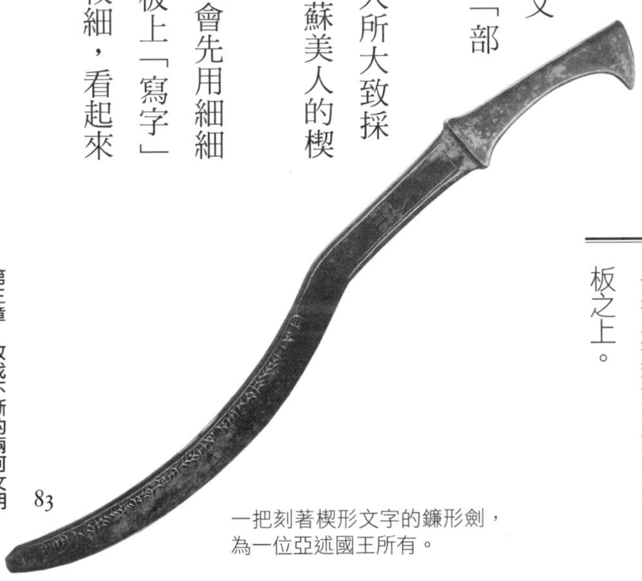
一把刻著楔形文字的鐮形劍，為一位亞述國王所有。

泥板文書與楔形文字。

有如木楔的樣子。等到寫好了，再將泥板晾乾或是用火烤乾，這就是「泥板文書」。

天文學和數學

蘇美人的醫學程度遠不如埃及，所謂的療法往往只是一些混雜著草藥與玄怪的東西，包括驅鬼之類在現代人看來實屬荒誕不經的做法，但他們的天文學和數學都很發達。

在數學方面，蘇美人超越了埃及人，已經發展出高級的乘法和除法，而且會計算平方根數與立方根數，不過在幾何學方面，還是埃及人更強一些。

蘇美人計數的方式是十二進位，這是他們計數和度量衡的基礎，並以六十為普通的計算單位，還發明了刻漏。直到現在，全世界都還是以六十進位制，來將時間畫分為時、分及秒。蘇美人的面積和重量單位也大多採用六十進位制，這樣的做法，被日後的古希臘和古羅馬所繼承，在歐洲有些地方甚至沿用至十八世紀。此外，「將圓周分為三百六十度」的概念，最初也是在蘇美人的手上初具雛形。

在天文學方面，蘇美人經過細緻的觀察，按照月亮的盈虧，將一年分為十二個月、一共三百五十四天，同時還設閏月來調整陰曆與陽曆之間的差異。

農耕建築冶金工藝

兩河流域是世界上最早成功發展農耕的地方，兩河流域的經濟也一直是以農業為基礎，在這方面也是蘇美人所打下的根基。蘇美人不但已經會用犁來耕地，水利灌溉規畫也很發達。

蘇美人相當擅長冶金、雕刻，以及寶石加工。從西元前四〇〇〇年至前三〇〇〇年初，每一個城市的雕刻師、木工、鑄工等工匠都很忙碌，市場需求量相當大。他們對於金屬的提煉技術不斷精進，不僅可以提煉出金、銀、銅、錫、鉛等五種純金屬，也可將它們熔合，製造合金。他們也會從印度進口象牙和寶石，從賽普洛斯及小亞細亞進口銅，從高加索進口錫。除此之外，蘇美人還懂得製作琺瑯的技術，對於飾品上的光澤和線條也挺講究。

陶器在蘇美人的生活中相當普遍。他們很擅長製作陶器，主要還是彩陶，舉凡生活中所使用的酒杯、盛食物的容器、裝油的油缸等等，很多都是鮮豔奪目的彩陶，甚至還用陶箱做為棺材。

在建築方面，由於缺乏良好的建築材料，蘇美人幾乎只能採用日炙泥磚來從事建造，這麼一來，無論是建築物的規模或是裝飾，自然就都受到了限制，與埃及的建築無法相提並論。不過，蘇美人發明了一種獨特的建築結構，這就是「拱」，以及從「拱」演化而來的半圓形屋頂，這對於後世建築藝術的發展倒是產生了很大的影響，譬如拱門、拱形物等。

整體而言，儘管不像埃及建築那麼的宏偉壯觀，但蘇美人的建築還是給人一種厚重之感，這一點倒是與埃及建築的風格頗為類似。後來，閃族人學習了蘇美人建造神廟的方式，以層級的平臺和建立於最高平臺之上的神龕所構成，後世稱之為「塔廟」。

烏爾王復興蘇美王朝

在蘇美人為兩河流域文明所奠立的基礎當中，還有一個非常重要的貢獻，就是法律；儘管最初他們並沒有符合現代意義的法律觀念，只不過是一些「習慣」，但畢竟都是基於社會穩定的需要而存在，因此可以說已經具備了法律的雛型，這對後世的影響是相當深遠的。

在上一節曾經說過，儘管蘇美人在西元前二三五〇年左右被阿卡德人所取

可能是用來裝飾樂器的金屬公牛頭、作工精細。

代，但是在大約一百年以後，因為外族入侵，阿卡德王朝隨之式微，而在此期間，**蘇美人的勢力一度得到復興**，就是在蘇美人勢力復興之後，產生了後世所知道的全世界第一部成文**法典**。

也許你會好奇，那麼蘇美人這部法典，裡頭都有些什麼內容呢？就目前的資料看來，我們所熟悉的「以眼還眼，以牙還牙」就是源自蘇美人的法典，後來它的精神經由「漢摩拉比法典」和「**摩西十誡**」傳承了下去。

摩西是古希伯來民族、也就是西元前十三世紀時猶太人的領袖，傳說他受耶和華之命，率領被奴役的希伯來人逃離古埃及，前往一塊叫做「迦南」的富饒之地，這一趟旅程極其艱辛，歷時四十多年，最後摩西在眼看就快抵達目的地的時候過世了。這就是〈出埃及記〉的故事。在摩西的帶領之下，希伯來人擺脫了過去被奴役的悲慘生活，也終於學會了遵守十誡，並且成為歷史上第一個尊奉單一神宗教的民族，所以史學界普遍都認為摩西是猶太教的創始者。長久以來，無論是十誡、約櫃或是摩西，都是很多文學以及影視作品喜歡大加發揮的題材。

蘇美人的勢力一度得到復興——領導蘇美人東山再起的領袖名叫烏爾，這個時期被後世學者稱為烏爾第三王朝，一般的說法是在西元前二〇五〇～前一九五〇年左右，但也有學者認為時間應該要更早一點。總之，烏爾第三王朝號稱統有蘇美與阿卡德，並且建立了初級的行政系統。

法典——至今，這部法典尚留存的只剩下斷簡殘篇，但絲毫不影響它在人類文明上的光芒。這部法典的意義，不在於它的內容，而在於它是人類最早的法典，不僅被之後統治兩河流域的阿摩利人、亞述人、加爾底亞人、希伯來蘇美人這部法典的內容，當然還很粗糙，比方說還不能區分蓄意犯罪和過失犯罪有什麼不同；同樣的犯罪，所得到的懲罰會因階級不同而有不同，還沒有現代「公平」的原則；甚至即使有了判決也很難執行等等，總之就是還不能很有效的維持社會秩序，但是不管怎麼樣，至少我們已經可以從這部法典看到法律意識的萌芽了。

4 古巴比倫文明 現存最古老的法典與史詩

在蘇美人奠立了良好的基礎之後，關於兩河流域文明的第二個重要階段，就是古巴比倫王國時期。

◆漢摩拉比法典

這個時期最了不起的成就便是《漢摩拉比法典》，這是截至目前為止人類保持完整、最古老的一部成文法典。這部法典的誕生，除了從蘇美文明那裡得到傳承之外，也有其不可忽視的背景因素；那就是人所繼承，而且已經被很多學者證明就是稍後非常著名的「漢摩拉比法典」的前身，更是後世法律思想、法律系統的濫觴。

摩西十誡——簡稱「十誡」，傳說最初是由神（耶和華）親自將十條戒律刻在一塊石板上，不久又在西奈山的山頂親自交給摩西，是耶和華對以色列人的告誡。後來，摩西眼看族人根本都不遵守這十條戒律，一怒之下就將這塊石碑給毀了，但耶和華隨即命令摩西再重新製作一塊新的石碑，上面仍然刻著十條戒律，這塊石碑完成之後就放在約櫃裡。

在古巴比倫王國建立以後，與過去蘇美文明的城邦制度相比早已大不相同，在蘇美人之後阿卡德王朝政治組織的影響之下，古巴比倫王國的君主權力可以說凌駕一切，成了至高無上的權力，在這樣的情況之下，自然需要一部法典來規範人民，同時，在法典訂出來以後，政府也會有較強的執行力。

《漢摩拉比法典》至少有以下七個特色：

1、**王權至上**。在法典的「前言」中就開宗明義的宣布，巴比倫王國位居世界最高地位，而他（漢摩拉比）本人則負責要來光耀正義、消滅邪惡、制止「強凌弱」（強者欺負弱者）和「眾暴寡」（多數人欺負少數人），這些都是來自神的旨意。

2、**內容相當豐富**。《漢摩拉比法典》除了前面的「前言」和後面的「跋語」之外，正文部分有兩百八十段左右的「律文」或判決的規範，涉及到人民生活中的很多層面，譬如殺人、傷害、搶劫、竊盜、誹謗、貿易糾紛、僱主與被僱者之間的權利義務關係等等，甚至對於存款利息、婦女地位（主要是規定婦女可以支配其私產）等等，都有規定。以今天的概念來說，就是既包含了「刑法」，也包含了「民法」。

3、**懲罰從嚴**。不僅強調「以牙還牙，以血還血」的精神，不少在今天看起來或許僅僅算是行為失當、還不算是罪大惡極的行為，在《漢摩拉比法典》中，往往都會獲得死刑的嚴重判決，而那些被認為有叛亂嫌疑的罪過，當然就更是死路一條了。

4、**階級差別**。古巴比倫王國將全國人民分成三等，分別是「全權自由人」（包括貴族、商人、僧侶等等），「無權自由人」（包括自耕農、手工業者等等）和奴隸（除了一般概念的奴隸，還包括戰俘和負債人等等），人民在法律之前不能享有一律平等的待遇。

5、**保障財產**。比方說，「如果有人從廟宇或私宅偷取財物將被處死」、「如果收受偷竊財物者也將被處死」等等，都充分彰顯了財產的不可侵犯。

6、**保障社會穩定**。譬如，限定基本貨物的價格，維持市場供需正常；度量衡必須誠實無欺；規範家庭關係，規定夫妻雙方必須保持絕對的忠誠等等。甚至一旦發生糾紛，如果難以處理，就必須由受害者所在城市來負責賠償受害人。

7、**法典的永久性**。在《漢摩拉比法典》卷末的跋語中特別強調，在漢摩拉比之後，所有巴比倫王國的統治者，對於法典中的所有條文，都不准更改。並且還嚴詞詛咒日後那些膽敢企圖更改法典的人。

《漢摩拉比法典》被後來統治兩河流域的亞述人和加爾底亞人所沿襲，但多少做了一些更改（大概因為不屬於同一民族，也就不怕什麼詛咒了吧），比方說，亞述人把婦女視為丈夫的私產，甚至不准出現在公共場合，不能讓別人看見她們的臉；此外，亞述人對於叛逆、墮胎、同性戀等等，都採取更為嚴厲的處罰。學者認為這應該是與亞述人好戰、必須確保人口數量有關。

從《漢摩拉比法典》對於人民私產採取那麼強而有力的保護做法，就可透露出一個信息，那就是兩河流域的社會經濟在這個階段有了新的發展，商業的重要性明顯提高，與此同時，王國對於經濟的管理也相當嚴格。

不過，大多數人民仍然是從事農業，佃農的租稅負擔也還是相當沉重，必須繳納農田收穫物的三分之二給地主，如果是耕種王田的佃農就繳給政府。

此外，國家允許土地私有，但人民也必須珍惜，善加運用，如果廢田不耕，或是放任堤防溝渠失修，都會受到懲罰。

吉爾伽美什史詩

古巴比倫王國時期，迷信之風頗盛，他們對於科學、工藝等等都沒有什麼特別的成就，然而世界上最早的史詩《**吉爾伽美什史詩**》，被後世學者推測應該是

吉爾伽美什史詩——雖然學者都認為《吉爾伽美什史詩》比希臘史詩譬如《伊里亞德》和《奧德賽》要早，但究竟早多久則沒有定論。

《吉爾伽美什史詩》寫在 12 塊泥板上，其中也有記載關於創世紀大洪水的章節。

誕生在這個時期，這倒是一件很值得一記的大事。

《吉爾伽美什史詩》最完整的版本大約有三千行，寫在十二塊泥板上，這些泥板碎片後來在敘利亞和土耳其都有被發現。吉爾伽美什是主人翁的名字，他是一位勇士。這是一個尋求永生，最後卻只得到失望與無奈的故事。從這個故事也可以看出兩河流域文明中對於人生、以及死後世界均抱持比較悲觀的態度。簡單來說，他們雖然也相信「靈魂不死」，但認為死後的「生活」是悲慘的，所以非但不必那麼費事去建造什麼豪華的墳墓，還應該把握在世的短暫時光，好好享受，及時行樂，因為「永生」是不存在的，無論是怎樣的英雄豪傑（譬如吉爾伽美什）、無論如何窮盡大半生去追求，最終都會發現任何功業、盛名、財富都無助於永生。

5　亞述文明　戰爭推進亞述科技與藝術

亞述人的發祥地在底格里斯河上游高地，那裡多山，生活本來就比較艱難，再加上還要不時的小心提防來自敘利亞和小亞細亞的侵略，這些客觀環境因素，養成了亞述人好戰的傳統。等到他們站穩了腳跟，解除了來自外部的威脅之後，他們一方面為加強自身的安全保障，另一方面也搖身一變成為侵略者，轉為積極向外擴張。就這樣，亞述人留在歷史上最鮮明的形象，就是非常好戰的軍國主義帝國。

他們擁有當時最厲害的武器，包括鐵劍、長矛、特別強勁的弓箭、**雲梯**、撞牆車等等（後兩者都是攻城利器），軍隊首領也是全國最有權勢、最為富有的階級。雖然整體而言，亞述帝國還是以農為本業，但大部分的耕地都屬於王家、神廟和軍隊首領所有，人民的生活相當困苦。

浮雕畫面凶殘誇耀軍功

亞述人對於兩河流域文明最大的貢獻表現在兩個方面：一為實用科學與技術，二為建築與雕刻。這兩者都與軍事有關，前者有助於提高軍隊的戰鬥力，後者則是宣揚他們的赫赫戰績。

亞述人在實用科學與技術這方面的成就有：

- 繼承之前蘇美人的研究，最早定出圓周為三百六十度。

雲梯——古代的戰爭，攻城總是非常困難。亞述人在西元前七二九年征服了古巴比倫王國，如果以這個時間點做為參照，中國要到兩百多年以後，在戰國初期的魯國才有一位了不起的發明家魯班（西元前五〇七～前四四四年），在五十七歲左右應邀來到楚國，為楚國製造兵器時，也發明了雲梯。楚王本想以雲梯去攻打宋國，試試雲梯的威力，宋國的哲學家墨子（生卒年不詳）在得知之後，特地徒步了十天十夜趕到楚國，好不容易才說服楚王放棄攻打宋國的計畫。

- 最早應用一種近似現代經緯度的方法來表示地理位置。
- 經由對於天象的觀察，已經能認出金星、木星、土星、水星和火星等五個行星。
- 已經能相當準確的預測日蝕和月蝕。

同時，亞述人還記錄了五百多種藥物，有植物也有礦物，儘管初衷主要是為了保障士兵的健康、連帶保證他們的戰鬥力，但重視醫藥的結果，對於普通老百姓來說自然也是一件有益的事。但同時，亞述人也依然相信一些符咒之類的效力，或是將那些難以治癒的疾病歸因於自然因素。

在建築方面，由於亞述人的居住地多山，所以他們用石材取代以前用的日炙泥磚，這使得他們的建築無論是外觀或是可發揮的空間都有了很大的提升。此外，蘇美人所發明的「拱」這個特別的建築形式，經過亞述人的發展，也有了更加宏偉的氣象，若光論宏偉，甚至足以與尼羅河流域的建築相提並論。

刻在建築上面的淺浮雕，是亞述人在藝術方面的耀眼之處。這些淺浮雕大多是採取連環圖畫的形式，呈現的主題則大多都是戰爭故事以及君王的狩獵故事、宮廷生活。他們還很喜歡表現戰爭的殘酷場面、巨獸的垂死掙扎等等，凸顯了亞述人勇猛殘暴的本質，而且他們似乎頗以這樣的特質為榮。

◆圖書館收藏上萬泥板

亞述帝國持續了一個世紀左右，在文化方面乏善可陳，但是在如此崇尚軍國主義的王國中，還是出了一位重視文治的君主，他的名字叫做亞述巴尼拔，是亞述王國末期的君主，在他過世之後僅僅十幾年，亞述王國就亡了。甚至有學者表示，亞述巴尼拔是亞述帝國歷代中唯一一位重視文治的君王。現代考古學家在亞述王宮遺址發現了亞述巴尼拔的圖書館，裡頭藏有楔形文字的泥板超過兩萬片，內容極其廣泛，有王朝世系表、歷史記事、朝廷詔令、官吏奏章、商業契約，還有醫學、天文學、數學、哲學、文學等著作，以及符咒、占卜文字等記載，對於後世了解亞述帝國、乃至於了解在亞述帝國之前兩河流域的歷史，都是非常重要的依據。我們在上一節提到的世界上最早的史詩《吉爾伽美什史詩》，就是在這座亞述巴尼拔圖書館中發現的。

6 新巴比倫王國　新帝國建築偉業

繼亞述人之後，在兩河流域獨領風騷的是加爾底亞人，建國的君主名叫尼布甲尼薩，他所建立的帝國與古巴比倫王國頗有淵源。

原來，在古巴比倫王國的漢摩拉比國王去世以後，巴比倫就不斷受到外族的入侵，後來歷經長達數百年的戰亂，到了西元前七世紀末，才在尼布甲尼薩國王領導之下，建立了加爾底亞帝國。由於仍然像之前古巴比倫王國一樣定都於巴比倫城，所以史稱「新巴比倫王國」。

整建空中花園與巴別塔

加爾底亞帝國從建國伊始，就想要復興古巴比倫王國的文明，後來尼布甲尼薩的兒子尼布甲尼薩二世，於西元前六〇〇年左右，下令建造一座龐大的空中花園（後世稱為古文明七大奇蹟之一），並計畫要重建在當年亞述軍隊攻占巴比倫時被毀掉的巴別塔。

巴別塔座落於巴比倫，在巴比倫語中，「巴別塔」是「神之門」的意思。就因為這座**巴別塔**，巴比倫被稱為是「冒犯上帝的城市」，這裡頭有一個非常有名的故事。

據說，人類最早的祖先，在底格里斯河和幼發拉底河之間，建造

巴別塔——巴別塔的故事被記載在《聖經》的舊約創世記第十一章裡，它是一座通天塔。我們在第一章古埃及文明第一節中介紹過的古希臘史學家希羅多德，他曾經在著作中描述過巴別塔的樣子，他說巴別塔是一座實心的主塔，高約兩百零一公尺，一共八層，塔頂有一座巨大的神廟，在塔的外面有一條長長的螺旋狀通道繞塔而上，半途還設有不少座位，可供人們在登塔途中休息……。不過，希羅多德筆下的巴別塔曾經多次毀於戰火，然後又多次重建，後來隨著兩河流域文明的沒落，巴別塔再也無法恢復當年的雄偉與壯觀。

了一座城市，過著幸福的生活。有一天，他們聽說天上的生活更棒，便突發奇想，想一起去天上看看，於是乎大家就決定建造一座可以高達天際的高塔。他們開始同心協力，用泥土和磚做為建築材料，把這座塔愈蓋愈高。眼看直通天上是指日可待，結果，上帝生氣了，心想，這些狂妄的人類為了滿足自己的虛榮心，什麼事都做得出來，一定要讓他們得到一點教訓！

不過，這回上帝並沒有用大洪水來沖垮巴別塔並毀滅一切。還記得吧？之前在「諾亞方舟」故事的結尾，上帝已經以彩虹為憑，與人類約定，不會再用大洪水這一招了，所以這回為了阻止人類繼續建造巴別塔，上帝採取另外一個很簡單但是很有效的辦法，就是「分化」，讓人類開始各自講自己的語言！原來最早的人類是講同一種語言的。這麼一來，大家語言不通，無法交流，無法溝通，無法商量，想要像過去那樣群策群力完成這座高塔，就變得非常困難，沒多久，這座高塔就造不成了，然後就這麼荒廢了。

城牆可容四馬戰車回轉

巴比倫古城究竟在哪裡？這原本一直是考古學家深感困惑又非常好奇的課

16 世紀布勒哲爾所繪的巴別塔畫作。

題，直到十九世紀末才終於得到解答。西元一八九九年，德國的考古學家在幼發拉底河和底格里斯河的交匯處（距離現今伊拉克首都巴格達五十多公里的地方），在經過了十幾年的考古工作之後，終於找到傳說中巴比倫古城的遺址。在此之前，它已經失蹤兩千多年了。

考古學家們發現，巴比倫古城位於一片廣大的平原之上，有內外兩道城牆。城牆長達一萬六千公尺，每隔一段距離就有一座城樓。城牆造得很寬，足夠讓四匹馬的戰車也可以在上面輕鬆行駛，甚至迴轉，如此既可抵禦外敵，也可保護巴比倫城不受河水的侵害。而幼發

19 世紀畫家所繪的巴比倫空中花園，可見到背景中的巴別塔（左上方）。

拉底河穿城而過，把巴比倫古城分為東西兩半，西岸是工商業地區，東岸則是王宮、神廟和貴族宅第。

研究星辰探究命運

加爾底亞人想要重振古巴比倫王國的文明，當然不會只是在建築這方面下功夫；他們恢復了古巴比倫王國的法律和政府形式，提高工商業的地位，也重建了古巴比倫的經濟制度。

在文化上，加爾底亞人最突出的貢獻，是表現在天文學和宗教兩方面。

先說天文學。加爾底亞人制定了一種最精密的計時系統，定七天為一周，將一天分為十二個時辰；他們對於日蝕月蝕以及其他天象的觀察結果都相當正確……不過，值得注意的是，加爾底亞人對於天文學的研究目的並不是基於科學，而是出於宗教因素。

加爾底亞人所信奉的是星辰教，簡單來說就是他們崇拜星辰。在加爾底亞人的宗教信仰中，神不再具有類似人類的屬性，而成了人類萬萬不可能與之相提並論的存在。如此超凡、全能的存在，當然不可能受到人類的威脅、利誘甚至是欺騙，相反的，是以一種近乎機械的法則在統治宇宙。所以，為了想要了解那極為神奇、「近乎機械的法則」，加爾底亞人才會那麼熱衷於觀察和記錄天象。

有學者指出，加爾底亞人有感於人類的命運是由神來決定，而神的意志又是極為神祕且不可撼動，所以，為了追求幸福，自然而然就會傾向於一種將自己交給神、交給命運的想法，這其實就是一種命定思想。

這和中國傳統文化中的「天命思想」不大一樣。中國的天命思想可以一直追溯到夏朝和西周（也就是大約西元前一兩千年），後來經過春秋戰國時期（西元前七七〇～前二二一年）百家爭鳴以後，所謂的「天命」更是有了很多不一樣的內涵，譬如道家的天命大多指宿命；儒家的天命大多指發自個人內心理想的使命；墨家的天命是指神的意志；法家的天命是指君王的意志等等。

總之，加爾底亞人的命定思想，是西方文明史上最早以服從為敬神的思想，後來這種思想又以不同的形式與意義，影響了希伯來宗教和基督教，然後再擴而廣之影響了整個西方文明。

7 近東民族繼承兩河文明

在結束這一章之前，我們不妨做一個小結。

本章一開始我們就說過，古埃及文明和兩河流域文明到底誰先誰後，至今仍然沒有定論；多數學者支持應該是古埃及文明較先，但也有學者認為應該是兩河流域文明更早。可以確定的是，由於兩者的地理位置還算是比較接近，這兩種文明不僅都廣泛影響了古代的近東和地中海世界，甚至也曾相互影響。

此外，學者也可以確定，古代近東民族包括**西臺人**、**腓尼基人**、**迦南人**和**波斯人**等等，他們都深受兩河流域文明的影響，從兩河流域文明中承襲了文字、法律、宗教和神治傳統，其中又以希伯來人受到的影響最為明顯，譬如後世**猶太人**對於商業經營的重視，甚至總給人一種精明商人的**印象**，以及他們宗教中的悲觀主義、命定思想等等，應該都是淵源於兩河流域文明。

而古希臘和古羅馬受到來自兩河流域文明的影響，至少有三個方

西臺人——居住在安納托利亞高原，是現在的土耳其北部。

腓尼基人——生活在今天地中海東岸，相當於今天黎巴嫩和敘利亞沿海一帶，善於航海和經商，在全盛時期曾控制了西地中海的貿易。

迦南人——屬於巴勒斯坦早期的居民，在血緣上與阿拉伯人和猶太人相近。

波斯人——西亞伊朗的主體民族，主要居住在今天伊朗中部和東部諸省，也有部分散居在阿富汗和伊拉克等國境內。

面：

● 希臘哲學上強調「順從天命、要恬淡寡慾才能獲得幸福」的斯多葛學派。

● 羅馬建築中常見的運用「拱」和半圓屋頂的手法。

● 羅馬人相信占卜、禮拜星辰。

此外，後世在世界各地均以七天為一周，一天分為十二個時辰，分黃道為十二宮，圓周為三百六十度，算術中乘法的運用，乃至於相信命定之說，喜歡占卜等等，也都能看到兩河流域文明的影子。

猶太人印象——英國著名劇作家莎士比亞（西元一五六四～一六一六年）寫於十六世紀的《威尼斯商人》，劇中那個唯利是圖、冷酷無情的商人夏洛克就是猶太人，這樣的安排，也使得此劇在現代演出時經常遭到非議。

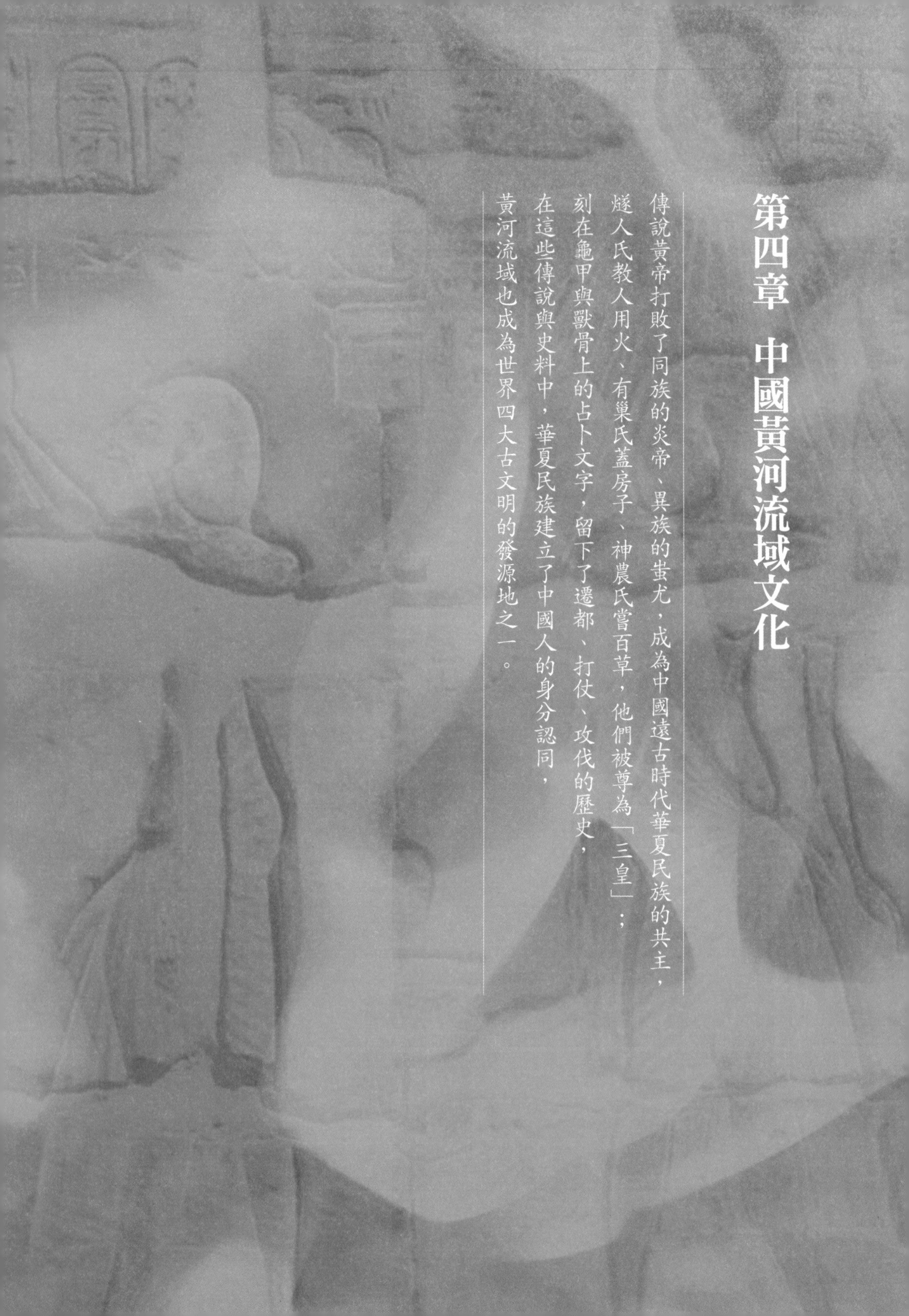

第四章　中國黃河流域文化

傳說黃帝打敗了同族的炎帝、異族的蚩尤，成為中國遠古時代華夏民族的共主，
燧人氏教人用火、有巢氏蓋房子、神農氏嘗百草，他們被尊為「三皇」；
刻在龜甲與獸骨上的占卜文字，留下了遷都、打仗、攻伐的歷史，
在這些傳說與史料中，華夏民族建立了中國人的身分認同，
黃河流域也成為世界四大古文明的發源地之一。

1 傳說時代　炎黃蚩尤黃河流域爭霸

「中華民族」這個概念，出現的時間其實並不算很久，至今不過一個世紀左右，它是由清末民初的思想家、學問家梁啟超（西元一八七三～一九二九年）在西元一九〇二年所提出來的。不過，雖然「民族」這一詞的現代意義是在十九世紀末才從日本傳入中國，但「中華」這個詞的出現時間倒是非常非常早。源自中國古代的華夏民族，起源於黃河流域一帶。因為這裡居四方之中，所以被稱之為「中華」；而因為歷史悠久，文化和科技發達，後來這一區又被稱為「中原」或是「中國」。歷代每當群雄並起，要爭奪天下的時候，都會說「逐鹿中原」。

但要特別注意的是，上古所謂的「中國」，雖然和後世所說的「中原」差不多，但上古時代所謂「中國」的地域，並不如後世「中原」這麼廣，只相當於今天中國大陸的陝西大部、山西西南部和河南西北部一帶。

◆炎帝、黃帝和蚩尤

黃河流域是世界四大古文明的發源地之一，孕育了五千年的中華文化，所以會有「中華文化上下五千年」這樣的說法。這個「五千年」是一個大概的整數，實際上應該是四千多年，因為這個說法是從黃帝開始算起，而黃帝所生活的年代大約是在西元前二七〇〇至前二六〇〇年，距今正是四千多年。

在五千年的中華文化中，有一半以上是屬於「西元前」（西元元年在歐洲是羅馬帝國時期，在中國歷史上則是西漢時期），以全球角度來看，這自然是了不起的古文明。

第一位以黃帝為中國歷史起點的史學家，是西漢時期的司馬遷（生於西元前一四五年，卒年不可考）。司馬遷在《史記・五帝本紀》中，把黃帝列為古代第一位君主。一直到現在，每年都還會有大批旅居世界各地的華人，因為有感於自己是炎黃子孫，而自動自發到中國大陸陝西境內的黃帝陵祭拜黃帝。

也許你會好奇，那「炎黃子孫」這個詞又是怎麼來的呢？「炎黃」二字之中，「黃」是指黃帝，「炎」是指炎帝，傳說他們都是中華始祖，他們兩人以及他們的臣子、他們的後代，幾乎包辦了上古時代所有文化、科技上的發明。據說黃帝和炎帝原本是屬於同一個部落，後來卻慢慢成為兩個敵對部落的首領，之後在阪泉之戰中（阪泉在今天北京市延慶縣西與懷來縣之間），黃帝打敗了炎帝，兩個部落遂又逐漸融合成為華夏族，在漢朝以後就稱為漢人。所以直到現代，許多華

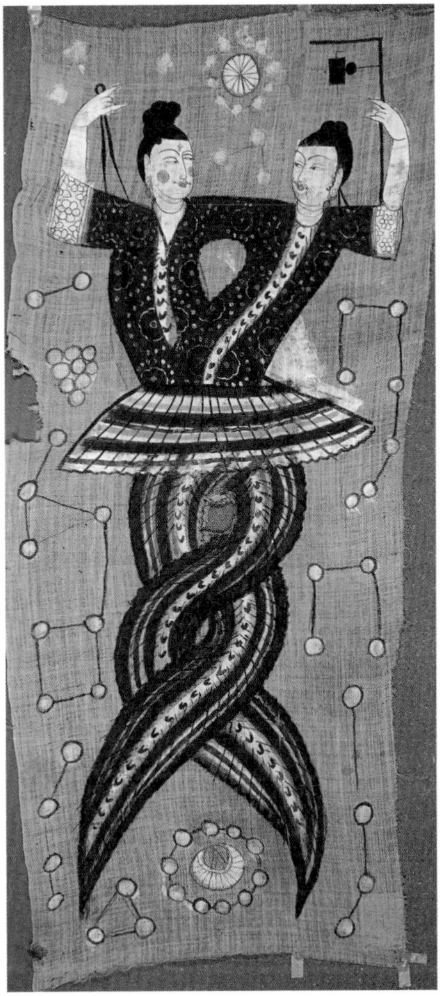

女媧與伏羲為夫妻。

東漢時期嘉祥武氏墓群石刻。

教人鑽木取火的燧人氏。

人仍自稱為是「炎黃子孫」。

其實在爆發阪泉之戰之前，黃帝已經在涿鹿之戰中打敗了強敵蚩尤（涿鹿的位置與阪泉很近）。蚩尤是另外一個部落的領袖，是一個非常強大的對手，不僅他本身很厲害，他還有八十一個兄弟，一個個都是獸身人面，銅頭鐵額，不吃五穀，只吃河石，很難對付，然而這場戰役最終還是由黃帝這一方取得了勝利。

三皇動腦 解決民生難題

從黃帝開始，一直到夏朝最後一個君主桀為止，將近一千年，被稱為中國上古史的傳說時代。關於這段時間的歷史，古人大體都是相信的，今人則因缺乏確切的考古證據，只能以傳說來看待。其實，任何一個民族的初期歷史，必然都帶著濃厚的神話傳說的色彩。

我們不妨就來說說兩個大家都很熟悉的傳說。

盤古開天

盤古是一位活了一萬八千歲、每天身體都長高一丈的巨人，傳說這個世界就是由他所創造的，也就是「盤古開天闢地」，簡稱「盤古開天」。這個神話故事非常有名，但這故事實際上是到了西元三世紀、三國時代才出現的。根據專家學者考據，這個神話最初應該是起源於南方的民族，後來大概是因為三國時期吳國的開發，而從南方傳入中原。

三皇五帝

「三皇」的說法在秦始皇（西元前二五九～前二一〇年）的時候就已經有了，當時指的是「天皇」、「地皇」和「人皇」，至於到底是哪三位？說法不一。傳說中，教人們農耕的神農、造人的女蝸、教人們鑽木取火的燧人氏、畫八卦的伏羲，都曾經被點過名，他們都是在戰國時期（西元前五世紀至前三世紀）書籍中出現過的遠古名人，任選三位就可稱為「三皇」。

總之，即使有些記載表示，在黃帝之前還有盤古和「三皇」，但相關說法都只能看做是神話，不能算是史料，同時，因為關於他們的傳說都是在「五帝」之後，所以在史家看來，無論是盤古或是「三皇」，都不能取代黃帝的歷史地位。

關於黃帝的傳說，雖然沒有考古的依據，但總是可以代表著一個階段的文化，按《史記．五帝本紀》的記載，它最重要的意義，是代表著中國先民從遊牧進入到初期農業的一個過渡時代。

至於「五帝」的說法，在春秋時代（西元前八世紀～五世紀）已經相當普遍，到西漢的時候則大致確定，是指黃帝、顓頊、帝嚳、堯和舜，而且這五位也正式為史家有限度的承認。

堯舜禹湯：君王模範生

堯舜是傳說中兩位中國古代的賢君。按《史記．五帝本紀》所述，堯是黃帝的玄孫，舜則是黃帝的八世孫，但他們卻大致生活在同一個時代，相傳是在夏朝以前的一百七十多年之間（夏朝約在西元前二〇七〇～前一六〇〇年）。

堯舜最為後世所稱道的，就是帝位的禪讓；堯是一位仁慈寬大的君主，本著天下為公的精神，在確認舜的賢德之後，將國政交給了舜，成為千古美談。

此外，在堯的末年，洪水氾濫於全國，堯命鯀治水，鯀採取防堵的辦法，歷經九年無效而被處死。到了舜即位，命鯀的兒子禹繼承治水的任務，這回禹採取了疏導的辦法，率領大家和洪水辛苦搏鬥了十三年（也有八年之說）。在這期間禹一心治水，曾經三過家門而不入，最後終於成功，也因此得到舜的賞識，在舜死後繼位為天子。

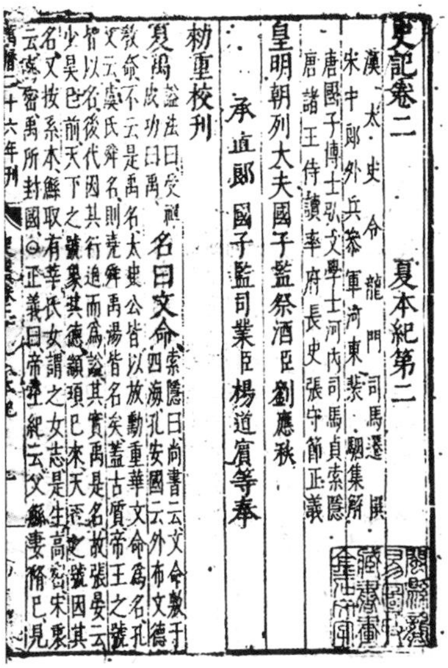
史記卷二　夏本紀第二
漢　太史令　龍門　司馬遷　撰
宋中郎外兵參軍河東裴駰集解
唐國子博士弘文學士河內司馬貞索隱
唐諸王侍讀率府長史張守節正義
皇明朝列大夫國子監祭酒臣劉應秋
承直郎國子監司業臣楊道賓等奉
勅重校刊
夏禹謚法曰受禪成功曰禹名曰文命索隱曰尚書云文命敷于四海孔安國云外布文德
教命不云是禹名太史公皆以放勳重華文命爲名孔
文云虞氏舜名則堯舜禹湯皆名矣蓋古質帝王之號
皆以名後代因其行追而爲謚其實禹是名故張晏云
少昊已前天下之號象其德顓頊已來天下之號因其
名又按系本鯀取有莘氏女謂之女志是生高密宋衷
云高密禹所封國正義曰帝王紀云父鯀妻脩已見
萬曆二十六年刊

司馬遷的《史記》是中國歷史的重要經典。

東漢時期嘉祥武氏墓群石刻中的堯帝像。

東漢時期嘉祥武氏墓群石刻中的舜帝像。

據說在禹生前本來也已經選定益來做為自己的繼承者，但是當禹死後，人民都不擁戴益，而都擁戴禹的兒子啟，啟即位以後，不僅結束了之前禪讓的做法，也建立了中國歷史上第一個王朝，就是夏朝。

夏朝一共四百多年，夏朝剛開始的大事是和有扈氏的戰爭，夏朝中葉則是和外族有窮氏的爭鬥。有窮氏的首領就是以善射著名的后羿。

按史料顯示，關於夏朝的記載是一直到末年才豐富起來。夏朝的末代君主桀是一個暴君（「桀」這個字本身就有「兇暴」的意思），當時在夏境的東南，有一個強大部族存在，名叫商。後來，商的領袖成湯，起兵推翻了夏朝，建立了商朝。

2 信史時代　商朝刻甲骨占卜卜辭寫成歷史

商朝的歷史一共五百多年（約西元前一六〇〇~前一〇四六年），前半期由於缺乏遺物，嚴格來說還不能算是信史。所謂「信史」，意思就是必須「信而有徵」（徵有驗證、證明之意），也就是說必須要有當時的遺物，可以和古老的文獻相互驗證。不過，還是有若干地名可以從卜辭上得到證實。

「卜辭」是什麼呢？這是近代在殷墟（今河南安陽市）出土的銅器、龜甲、獸骨上所刻的文字。學者研究以後，了解到這些文字都是商朝後期君主們占卜祈福的紀錄，所以稱為卜辭。有學者把那些在卜辭上記載的若干商朝君王的名字，與西漢時期所寫的商王系統兩相對照，發現兩者中間沒有多大的差異，吻合度很高。

基本上，有關商朝的歷史，後人主要就都是根據甲骨文的研究結果。

養動物獻為犧牲

現有的商朝甲骨文字，距今約有三千六百多年歷史，是目前所考證出中國最早的漢字，總數大約有五千個字，已經被確認的大約是一千五百個字，還有大約三千五百個字仍有待破解。從甲骨文的數量和結構方式來看，甲骨文已經是經過長時間發展、相當成熟的文字了。

根據遺物以及學者研究甲骨文的結果，關於商朝，除了五次遷都，我們還可以了解到以下許多重要的信息：

- 商朝是以封建制度為主幹，國境內有許多諸侯，商王便是四方諸侯的共主。

至於王位的繼承，與夏朝「以子繼父」的做法不同，商朝是採取「兄終弟及」為原則。

● 商朝已步入農業社會，主要的經濟活動就是務農，主要的食品是農產品，畜牧業僅占次要地位。同時，商朝人畜牧，並不完全是為食用，主要是供給各種祭祀典禮做**犧牲**。

● 隨著農業的發展，商朝人建立了家族制度，中國後世的宗法制度幾乎都是始於商朝末葉，而到了西周大致定型。

大小事求問吉凶

自然界的各種現象，在商朝人的心目中都會被神化，所以在商朝人看來，不僅天地之間充滿著無數的神祇，人與神之間也沒有什麼嚴明的限制，而且當一個人死後，他的靈魂依然存在，所以需要子孫虔誠的膜拜。商朝人還相信神鬼會操縱著整個人類的命運，因此他們只要一遇到什麼困惑，就會藉由占卜想要得到神鬼的指示。

● 一般的民眾大多都是半穴居，只有王室的宗廟宮室才能建築在地面之上。

犧牲——這一詞，可做動詞也可做名詞，前者譬如「為國犧牲」，後者在古代就是專指祭祀或是祭拜的用品。

已有舟車等工具，並可能騎馬，對外交通相當發達。

工藝水平相當高，已經能鑄造銅錫合金的青銅器，包括禮器、兵器、用品、裝飾品等等，技術之精巧，以及種類之繁多，都可證明當時正是銅器工藝的極盛時代。而從雕刻品上的圖案可以看出商朝人是席地而坐。

商朝的礦冶、天文學和曆法都相當進步，已可推測月蝕，以三百六十五又四分之一日為一年，一年分為十二個月，月有大小，大月三十日，小月二十九日，也知道用閏。同時，商朝人把四時與月相連，譬如將八月稱為「秋八月」，記日則用天干地支（簡稱「干支」），從甲子到癸亥凡六十日為一週，如此周而復始。

一直到現在，全世界只要是有華人的地方，都還可以看到干支被運用在曆法、命名等方面，是中華文化中重要的一環。

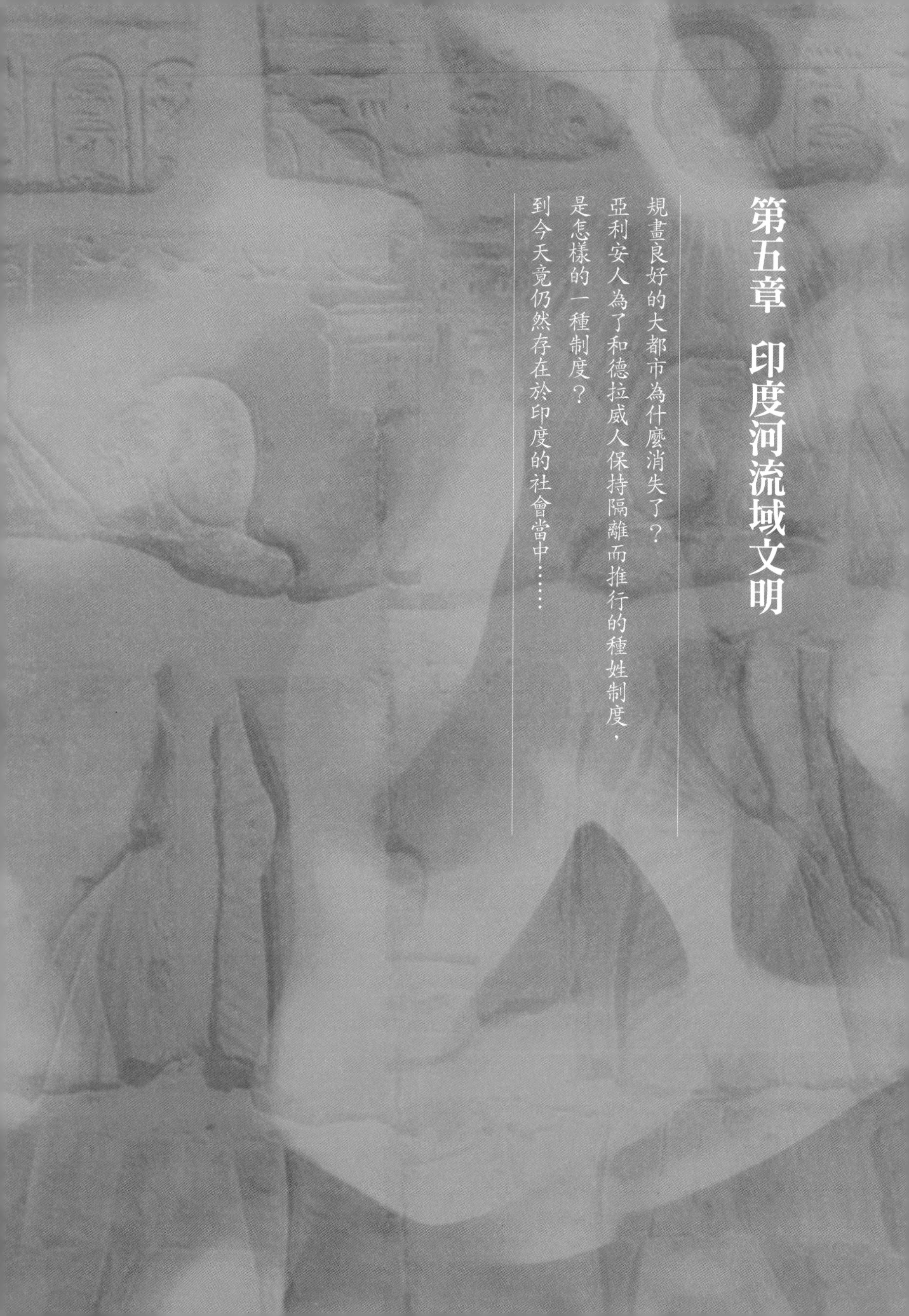

第五章　印度河流域文明

規畫良好的大都市為什麼消失了？
亞利安人為了和德拉威人保持隔離而推行的種姓制度，
是怎樣的一種制度？
到今天竟仍然存在於印度的社會當中……

1 印度河　古文明的搖籃

印度河流域文明也是世界最古老的文明之一，晚於兩河流域文明和尼羅河流域文明，但早於黃河流域文明的商朝。印度河在這個區域內扮演著非常重要的角色。

不過，我們首先必須釐清一個重要的概念，那就是在「印度河流域文明」這個詞裡頭的「印度」，並不僅僅只是指我們今天所說的印度這個國家，而是指整個被稱為「印度次大陸」的半島，所以範圍很廣，北自喜馬拉雅山脈，南至濱臨印度洋的半島尖端，幅員之廣可以和歐洲相比擬；也就是說，從阿富汗山地邊區向東一直到孟加拉灣；若以今天的國家來說，包括了印度、巴基斯坦、孟加拉國、尼泊爾和斯里蘭卡。

印度河全長大約三千公里，發源於西藏的喜馬拉雅山山脈，向西北流經西藏與喀什米爾，然後再向西南流入巴基斯坦（印度半島西北部），也就是旁遮普和信地一帶，最後流入阿拉伯海。

印度河在春天的時候經常會氾濫，但是不規律，而且一旦氾濫後水勢往往會很大，有時還會改道。無論如何，經由印度河沖積而成淤泥的三角洲，成為了古文明的搖籃。

完善的都市規畫

早在西元前四〇〇〇年左右，印度河流域就已經有了文化活動，而且還是相當高度的文化，被稱為「印度河流域文明」、「印度河文明」或者是「哈拉帕文明」。但截至目前為止，關於印度河流域的文明究竟是如何開始，專家學者們都還不是很清楚，只能確定西元前二三〇〇至前一七五〇年之間是它的極盛狀態。

這樣重要的信息，當然是來自於考古的發現。西元一九二一年，考古學者首次在旁遮普發現了一座名為哈拉帕的古城遺址，翌年又在信地境內印度河畔發現另一座古城，名為摩亨佐達羅。這兩座古城的遺址都在今天巴基斯坦境內。

之後，考古學者又陸續在靠近阿拉伯海岸、西姆拉山山麓、坎貝灣、亞穆納河盆地等處，都發現了屬於印度河流域文明的遺跡，因此可以確定印度河流域文明分布的範圍很大，比稍早的尼羅河流域文明、兩河流域文明都要來得廣。

接下來，我們不妨就以哈拉帕和摩亨佐達羅這兩座古城的遺址，來看看當時文明發展的程度。

西元前三世紀左右的陶碗。

方形章（左）與其印出來的圖樣（右）。

圓柱章（左）與其印出來的圖樣（右）。

考古學者估計，哈拉帕和摩亨佐達羅當年的人口應該都在四萬人以上，算是規模相當龐大的城市。從遺址看來，這兩座古城的城市規畫都相當良好，都是呈幾何形的布局，在城市的中心位置都有一個人工堆成的土墩，學者推測應該是做為城市的中心。街道和房屋都很整齊，建築物都是用土磚來建造；整個城市除了市政建築、神廟、市場、民宅、穀倉、水塔、和大浴池等等之外，還很注意衛生系統的設計，包括加了蓋板的排水系統，以及用來倒垃圾的斜槽。每座民宅都有一個院子，有幾個房間，還有一間廁所和一口水井……。凡此種種，都顯示當年在建造城市的時候，是一項有組織和計畫性的行為，也就是說當時的社會必然已經有了相當程度的公權力。

此外，考古學者還從這兩座古城的遺址中，挖掘出大量的石器、青銅器、印章和農作物的遺跡，可以看出當時已進入到農業社會，在工藝方面也有一定的水平；他們種植棉花、大麥、小麥、瓜和椰棗，懂得馴養水牛和大象來幫忙農耕，還會用陶輪來製作陶器，這在當時可是一項相當嶄新的技術。

還有兩個方面也很值得一提。

● 考古學者從出土的泥板和大量的印章上面發現了一些文字，而且是已經脫離圖繪階段的文字（這些印章大多為方形，也有類似兩河流域的圓柱形），但這些文字不僅與現代印度梵語毫無關聯，就是拿來與印度過去的文字系統兩相對照，也找不到絲毫的相似性。因此，直到今天，儘管距離哈拉帕與摩亨佐達羅兩座古城被發現都已經將近一個世紀了，卻由於缺乏解讀的線索，這些神祕的文字仍然沒能被破解。

● 遺址中發現了許多天秤和砝碼，說明當時已經有一套相當成熟的度量衡制度，商業貿易想必也相當繁榮。考古學者們推測，當時印度河流域的人們應該與兩河流域、**中國**還有今天的阿富汗、緬甸等地都有商業往來。

2 亞利安人驅趕德拉威人

大約在西元前一五〇〇年，亞利安人侵入印度。後來亞利安人發展出來的文字叫做梵文。在梵文中，「亞利安」是「貴族」的意思。

由於亞利安人屬於**印歐語系**，所以又稱為「印度．亞利安人」。他們身材高大，皮膚白皙，眼睛碧綠，在外表上一眼看上去，就與那

中國與印度——從先秦至隋朝這段期間，書籍中記載的「身毒」就是指印度，指的就是印度河流域一帶，到了唐初統稱為「天竺」。所以在唐朝貞觀元年（西元六二七年），二十五歲的玄奘（西元六〇二～六六四年）在請求西行求法被拒之後，才會在史書上留下「冒越憲章，私往天竺」這樣的記載。後來玄奘長途跋涉五萬餘里才終於到達目的地。

印歐語系——使用印歐語系的人們遍布於印度和歐洲。

些原本生活在印度、皮膚黝黑的德拉威人有顯著的不同。

印歐民族的淵源不詳，在西元前三千年甚至更早時，可能是生活在黑海以北的草原地帶，隨著他們四處擴散後，又形成很多不同的語言。亞利安人本屬遊牧民族，從中亞細亞大平原經由興都庫什山脈進入印度，造成很大的動亂。原本德拉威人已經有了自己的文字、城市和商業活動等等，可是亞利安人一來，德拉威人就被趕到了印度的南部，直到今天，德拉威人都仍然生活在那裡。

一開始，亞利安人集中在旁遮普一帶，因為這裡不僅有河流，雨水也比較充沛，又有充足的草料，很適合他們遊牧民族的特質，但後來他們的活動範圍就逐漸改以恆河流域為主。

亞利安人雖然並未真正征服過印度的南部，但他們不斷的擴張，特別是從西元前八百年左右，在鐵器技術傳入之後，他們的擴張就更加迅速，隨後便建立了一些邦國或部落，每一個邦國或部落都有自己的國王，也有公民大會。在這些邦國之中，有的是單一部落，也有的是由好幾個部落聯合而組成，這樣的邦國往往沒有國王，而稱為「共和國」。

在所有邦國之中，位於恆河下游的摩揭陀，後來在古印度史上的分量非比尋常。摩揭陀的首都是巴特里普垂（相當於今天印度東北部比哈爾省的南部），因為控制了重要的貿易路線和鐵礦，而占有極大的發展優勢，從西元前七世紀中葉開始就積極向外擴張領土，在西元前六世紀至四世紀時頗為強大。

到了西元前三二六年，雖然馬其頓的亞歷山大大帝渡過印度河，征服了印度西北部，使得摩揭陀遭到嚴重的打擊，但後來旃陀羅笈多還是取得了摩揭陀的王位，建立了**孔雀王朝**（約西元前三二四～前一八七年），這是古印度有史以來第一個大規模的帝國，也是第一個大致統一了印度的政權。

◆─阿育王放下屠刀宣揚佛法

旃陀羅笈多的孫子就是鼎鼎大名的阿育王（西元前三〇三～前二三二年），是古印度歷史上最重要的一位君主。他早年十分好戰，甚至可以說是酷愛殺戮，統一了整個南亞次大陸和今天阿富汗的一部分地區。在他統治的時期是古印度史上空前強盛的時代。不過，赫赫軍功並不是阿育王名垂千史的原因；阿育王後來之所以會被稱為「影響力居古印度帝王之首」，是因為他在晚年放下屠刀，篤信佛教，宣稱征服不應該靠戰爭，而應該靠佛法，並積極普及佛教。當年在阿育王即位的時候，佛教還只是印度西北部一個很小的宗教，可是在他過世的時候，佛

孔雀王朝——由於旃陀羅笈多出身於一個飼養孔雀的家族，因此他所創建的王朝就叫做孔雀王朝。

教不僅已經傳遍了整個印度，還傳播到鄰國一些地區。正是由於對傳播佛教所做出的種種努力，使得阿育王對整個世界也都產生了廣泛的影響。

最後要說的是，古印度文明最鮮明的特點雖然是宗教和哲學，但在科學上也有不少成就，最突出的就是數學，他們採用十進位法，有了「零」的概念，已經能計算相當大的數字，知道如何求平方和立方根數。在天文學方面，他們已經知道地球是以自身的地軸在旋轉。在醫學上，他們對於胚胎是如何成長、以及人體解剖也都已經有所了解。這些都是相當不易的成就。

3 種姓制度遺害萬代

從西元前一五〇〇年左右，亞利安人侵入印度，一直到西元前六〇〇年左右，這段大約九百年的歲月，一般被稱為「吠陀時代」。就在吠陀時代後期、大約西元前五〇〇年，「種姓制度」就已發展得非常成熟，並且結結實實滲透到社會中的各個層面，成為一種牢不可破的社會體系。

什麼叫做「種姓制度」？要回答這個問題，我們還是要回頭從亞利安人侵入印度開始說起。

◆亞利安人隔離措施

還記得我們在上一節中曾經提到過亞利安人本來是屬於遊牧民族吧？但是在侵入印度、並且把德拉威人趕到印度南部之後，亞利安人還是吸收了德拉威人的文化，漸漸轉為定居的農業生活。與此同時，亞利安人為了保持血統上的「純潔」，並且為了想要與那些被他們征服、且被他們所役使的人們保持距離，「種姓制度」遂應運而生，將人民分成四個階級。

講到這裡，我們得暫停一會兒，先介紹一下亞利安人的宗教信仰。亞利安人所信仰的婆羅門教，是印度教的早期形態，一直到現在都還有很多人會習慣將這兩者混稱。在他們的信仰中，地位最高的神稱為「梵天」，這是創造萬物之神。另外還有兩位很重要的神，分別是「毗濕奴」和「濕婆」，前者負責保護宇宙，是善與慈的化身，後者則比較複雜，一方面代表破壞的力量，但另一方面也是豐饒、舞蹈、藝術和重生之神。

有時這三位尊神又會合為一體，就是所謂的「一體三形」，這就是至尊至上

18 世紀的繪圖，毗濕奴和吉祥天女坐臥在巨蛇身上，從毗濕奴肚臍生長出來的蓮花誕生了梵天。

手繪的梵天像，出自 1820 年英國記者肖伯的出版品。

的神。

在梵天、毗濕奴和濕婆三位尊神當中，梵天是代表一種平衡的力量，毗濕奴和濕婆則是代表著相反的力量，但一般民眾都比較崇拜濕婆和祂的妻子雪山神女，牛長久以來在印度被視為聖獸，主要就是因為牠是濕婆的坐騎，再加上印度人相信在婦女懂得哺育寶寶之前，母牛就已經會用牠們的乳汁來哺育人類。

◆種姓制度階級劃分

現在，我們來看看種姓制度將人分為哪四種。

第一個階級，也是最高的階級，叫做「婆羅門」，屬於僧侶階層，他們代表神的頭部。第二個階級叫做「剎帝利」，屬於貴族武士，他們代表神的雙手。第三個階級叫做「吠舍」，屬於農夫和工商業者，他們代表神的雙足。以上這三個階級都是亞利安人的專利，必須是亞利安人才有資格被納入。

第四個階級叫做「首陀羅」，屬於賤民，也就是奴隸，他們代表神的排洩物。不過，在這四種階級之下，其實還有一種更低賤、低賤到沒有階級歸屬的群體，叫做「穢不可觸者」，據說光是他們的影子就會汙染一口井。

僅僅從前面三種階級都是亞利安人這一點就足以表明，這種制度帶著濃厚的種族區分性質，如此才能竭力保持亞利安人的「純潔」。每一個階級都是世襲，也就是說每一個人在剛剛出生的那一刻，他（或她）這一輩子的社會地位就已經被決定了，且終生都無法靠任何人為的努力去改變。

唯一比較例外的時期，是後來有些亞利安邦國或是部落，為了征戰、搶奪資源，會聯合原本完全屬於第四階級首陀羅的部落或是地方勢力，這麼一來，等到戰後，論功行賞，原本首陀羅部落裡的種姓就會獲得提升，有機會成為婆羅門、剎帝利和吠舍等三個階級。

在人民生活的各個方面，各個階級之間當然也都必須保持嚴格的界限，不僅所能從事的職業不同，而且平時也不能交往，更絕對不能通婚（這就叫做「內婚制」），萬一真的有不同種姓的男女通婚，他們所生的子女就會是社會上最受鄙視的「穢不可觸者」。

接下來，我們再來進一步看看這幾個階級的人是如何分工，完成社會的運作。最高階級婆羅門是祭司，掌握神權與占卜，負責文化教育工作，以及指導農耕。他們也不斷教育人民，只要能夠做到循規蹈矩、安分守己，來世便有機會成為較高的種姓，反之則會降為更低的種姓。第二階級剎帝利，包括國王以及其下的各級官吏，掌握國家除了神權以外的其他一切權力。婆羅門和剎帝利這兩個階級，是古印度社會中的統治階層，既不需要勞動，還是最富有的階級。

第三個階級吠舍是一般的勞動者，也就是社會的中下階層，必須向國家繳納賦稅。第四個階級首陀羅只能住在村外，並且只能從事很卑微的職業，譬如抬死屍、打掃糞便等等。首陀羅走在路上還必須佩戴特殊的標記，嘴裡還要一直發出特殊的聲音，或是敲擊某種器物，為的是要提醒高級種姓的人能夠及時避開。尤其如果是最高階級婆羅門不小心接觸到了首陀羅這些賤民，會被視為是一件非常倒楣的事，回去以後得趕快舉行淨身儀式。

為了維護種姓制度，處於統治階層的貴族還制定了很多法律，其中最為典型的就是《摩奴法典》。每個種姓都有自己的機構，來處理有關自身種姓內部的事務，因為種姓制度在四個階級的框架之下，其實又分得很細，據說光是最高階級婆羅門就有一千八百種區分，而整個社會全部的種姓區分則超過三千種。

不少學者都認為，由於階級森嚴的種姓制度採取世襲制，普通的勞動者都只能逆來順受，遵守貴族階級所定下的種種規矩，唯恐加重來生的災難。這麼一來，不僅造成社會上貧富分化，而且把勞動（生產活動）只限制在一個狹小的範圍之內，所造成的結果自然就是阻礙了社會經濟的發展，這是造成印度社會發展比較遲緩的重要原因之一。

四波制度改革浪潮

自古以來，印度至少經歷過四次改革種姓制度的時期。最早是以佛教與耆那教（印度傳統宗教之一）為首，這兩個宗教都主張眾生平等，其實可以說，它們一開始就是為了反對種姓制度而創立的宗教。第二個時期，是一些信仰伊斯蘭教的外來征服者到來，而在這些征服者的統治之下，自然在一定程度上瓦解了種姓制度，特別是有大量低階層種姓的人民，突然找到一個可以改變命運的方式，那就是趕快改信伊斯蘭教！進入現代以後，在印度成為英國殖民地時期，英國人帶來的西方平權思想，也在很大程度上衝擊了種姓制度，這是改革種姓制度第三個重要的時期。最後第四個時期則是在西元一九四七年印度宣布獨立以後，種姓制度的法律地位被正式廢除，從此嚴禁各種種姓分類與歧視，否則一律視為違法。

然而，時至今日，在印度實際的社會運作與老百姓的生活當中，往往還是不時就可以看到古老的種姓制度仍然是那麼的陰魂不散，依舊存在。

第六章　其他重要古文明

人類生活的軌跡，從大河流域逐漸向內海推進，
除了尼羅河、兩河、黃河、印度河等流域所形成的古文明，
還有四個重要的古文明也各自壯大、互相征戰：
以克里特島為基地的愛琴文明為希臘文明奠基，
地中海東岸的腓尼基人縱橫貿易、傳播字母文字，
希伯來人四處遷徙，心心念念要找到能夠定居的適合地點，
波斯帝國最終在居魯士大帝的統治下，
成為近東古文明最後的輝煌帝國——

1 愛琴文明驚人發現

縱觀整個人類的文明史，都是從大河流域慢慢向內海推進，這表示人類活動的範圍有了進一步的擴展。

在西方，古希臘和羅馬文明（也就是一般所說的「地中海文明」），就是屬於內海文明，但是直到十九世紀下半葉、距今差不多一百五十年以前，世人才恍然得知，原來在古希臘和羅馬文明之前，還有一個更早的「愛琴文明」，而且愛琴文明可以說是希臘文化的先驅，其重要性不言可喻。

所謂愛琴文明，是指愛琴海地區的青銅文明，以克里特島和希臘地區的邁錫尼為核心，所以又稱為「克里特—邁錫尼文明」。

愛琴海位於希臘半島和小亞細亞之間，屬於地中海的一部分，南抵克里特島，是希臘半島東部一個藍色系海洋。這片美麗的海洋為什麼會被命名為「愛琴」？有一個故事是這麼說的——愛琴原本是一位雅典國王的名字。

傳說在很久以前，由於克里特島出現了一頭魔牛，專吃人類，令愛琴國王傷透了腦筋。一天，忒修斯王子自告奮勇要去克里特島除掉這個禍害，國王雖然不願讓愛子去冒險，但魔牛一日不除，百姓便惶惶不可終日，身為國王，確實也有責任要保障百姓的安全，於是，只得勉為其難的應允了。

忒修斯王子知道打從自己一出發，父親必然會日日夜夜掛念著自己的安全，所以，為了盡快向父親報訊，忒修斯王子遂與父親相約，當船隻返航的時候，只要看到桅桿上豎著白旗，就表示自己已經圓滿達成任務，平安歸來。

忒修斯王子一行人走後，愛琴國王便天天都在海邊向著海平面眺望，渴望早日能夠見到兒子。他就這樣等呀等的，然而最終當船隻終於出現的時候，國王卻赫然發現桅桿上並沒有白旗！國王非常傷心，絕望之餘便縱身往海里一跳，追隨愛子而去。

可實際上這是一個陰錯陽差的誤會；原來，忒修斯王子不僅順利解決了那頭魔牛，還迎娶了邁諾斯公主，只是在返航途中，因為邁諾斯公主不幸病故，王子在悲痛之餘，完全忘記了要把白旗豎在桅桿上盡快向老父報平安這件事。後來，希臘人為了紀念愛琴國王，便把這片海洋命名為愛琴海。

薛里曼堅持尋找古城

前面一開始我們就已經說過，愛琴文明被發現得很晚。關於愛琴文明的發現，

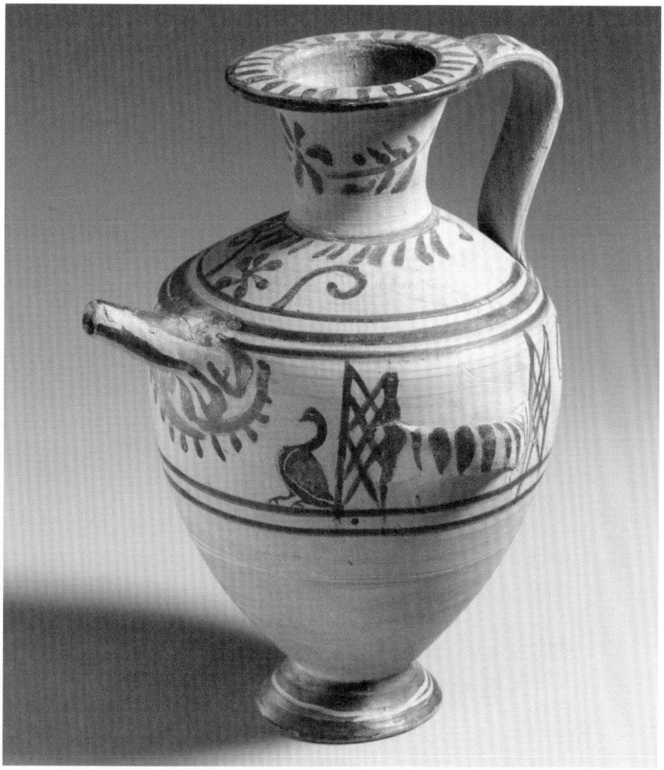

可能是製於克里特地區、用
來餵食嬰兒的陶罐。

西元前 13 世紀邁錫尼地區的陶製棺材。

頗富戲劇性，主要歸功於一位德國人薛里曼（西元一八二二～一八九〇年）。薛里曼的一生，相當傳奇。他從小家境貧寒，十四歲便不得不輟學去雜貨鋪當學徒。不過，儘管中斷了學業，少年薛里曼還是很喜歡讀書，尤其熱愛荷馬著名的史詩《伊里亞德》。長久以來，《伊里亞德》都被視為是一部傑出的文學作品，沒有人去追問荷馬在裡頭所描述的特洛伊戰爭到底是真是假，可是年少的薛里曼讀著讀著卻總是會忍不住想，沒準兒荷馬所講述的這些動人心弦的故事，都是真實發生過是的呢！於是就悄悄立下一個心願，將來只要自己有能力，一定要去小亞細亞尋找特洛伊古城！

關於荷馬的介紹，請參見第八章第三節。

後來，經過不斷的努力，薛里曼一方面經商致富，另一方面勤奮自學，在母語之外，竟然還掌握了包括英語、法語、拉丁語、葡萄牙語等十八種語言。在西元一八七〇年，四十八歲的薛里曼出資僱工在達達尼爾海峽附近、土耳其境內的希沙里克山丘，開始進行考古挖掘。經過三年的努力，終於在一座地下古建築物的圍墻附近，挖掘出大量且珍貴的金銀材質器皿，光是一頂金冕就由一萬六千多片金片和金箔所組成。薛里曼既興奮又驕傲的向世人宣布，他發現了特洛伊國王普里阿姆的寶藏！這證明《伊里亞德》裡的故事並非出於荷馬的虛構，而都是真的！

這位超級書迷就這樣完成了自己年少時的夢想。又過了三年（西元一八七六年），薛里曼再接再厲又找到了邁錫尼的古老墓葬，因而發掘出邁錫尼文明。邁錫尼是特洛伊戰爭中希臘聯軍首領阿加曼儂的故土。

繼薛里曼之後，不少考古學者也紛紛來到這裡進行挖掘。經過眾多考古學者將近一個世紀的努力，再加上西元一九五〇年代以後，學者們對於愛琴文字漸漸有所了解，終於使大家對於距今三千多年以前的愛琴文明有了一定的認識。

此外，薛里曼所挖掘到的特洛伊古城，後來才知道原來在同一個地點竟然有九層遺址上下疊置，代表著從新石器時期一直到羅馬時期先後興廢的九座城鎮，足見愛琴文明之古老。在西元一八九四年，薛里曼的助手認為，其實第六層才是當年爆發特洛伊戰爭時普里阿姆國王的城市，而原先薛里曼以為的「普里阿姆的寶藏」，實際上是在從底層往上數的第二層，年代比特洛伊戰爭還要久得多。

愛琴文化交流頻繁

愛琴文明分布的區域，大體上包括克里特島、希臘半島、小亞細亞西岸一帶，以及愛琴海中大大小小的島嶼。學者推測，愛琴文明可能最初是發源於克里特島，慢慢再傳播於愛琴海島嶼。這個區域可以說全境多山，可用來做為耕地的面積非常有限，這就促使當地人們一旦開始有了文明，並且在人口逐漸增加之後，就必須在農業之外，另外想辦法找到其他的謀生之道。因此，有的從事漁業；有的航海經商；有的則發展手工業，製作產品外銷。

基本上，雖然愛琴文明的原始淵源應該也是近東的新石器文化，但在整個愛琴文明的演進過程當中，克里特島受自埃及文明的影響還是最為明顯，這尤其表現在工藝製作方面。這很可能是出於地緣關係，因為就地理位置來看，在地中海這塊海域上，克里特島剛好就處於埃及和愛琴世界的中間位置。

兩河流域文明應該也對愛琴文明有所影響，這個判斷的主要依據是愛琴人以泥版作書。只可惜，儘管考古學家們在克里特島上發現了大量的泥版文字，但在西元一九五二年以前始終無法破解，後來即使大致能夠弄清楚了，也只能確定愛琴文字先後有過三種系統，一種是「象形文字」，另外兩種是「線形字」，其中較晚的一種線形字，顯然已包含了會意和表音的符號，並開始摻入了印歐語系的成分。此外，這些文字因為都是一些簡短的紀錄，看上去多數都是屬於商品標識、賬冊目錄之類，考古學者無法判斷愛琴人是否有過哲學和文學方面的著作。

繫在腰間以保護腹部的銅片，為愛琴文明的工藝品。

愛琴社會講究平等

根據珍貴的考古發現，我們可以得知不少關於愛琴人是如何生活的信息。

● 愛琴社會雖然也是階級社會，而且也有奴隸的存在，但人們無論是階級地位或是物質生活的差異，都不像近東古文明社會那麼的懸殊，所以即使是在貧民區，房舍的建築也都相當堅固且寬敞。

● 國君是全國最大的企業家和地主。工商業相當繁榮，但受到國家頗為嚴密的管理。

● 建造建築主要是出於實用的目的，即使是王宮，哪怕裡頭的結構多麼複雜，宮室數量又是多麼的龐大，外觀也並不張揚，甚至還相當平凡。

● 手工業相當發達，能製作相當精美的陶器、金屬製品和織物。陶器主要是做為外銷，或是用來做為盛裝橄欖油的容器。至於手工業的生產方式，和近代工廠極為類似，比方說他們會把工人集中起來從事大量生產。

● 從一般住宅也常有書寫的泥版這一點看來，表明當時社會上識字程度相當普遍。

● 婦女享有與男子完全平等的社會地位，這在近東古文明社會是非常少見的。婦女可以參加各類社會活動，從事各種職業，甚至是鬥牛和角力。不過，古愛琴社會的「鬥牛」，是類似後世馬戲團那樣的概念，不是為了殺戮。

愛琴文明與近東的大河古文明最大的差異，應該是在於自然和自由的風格非常明顯，注重現世，沒有什麼天堂和地獄的觀念，因此整體社會風氣是相當輕鬆和歡快的，娛樂活動繁多，除了鬥牛和角力，還有舞蹈、賽跑、博弈等等，幾乎是無所不包。

古愛琴人崇拜大海女神，大海女神象徵繁殖，既是生命之源，也是宇宙的統治者。在愛琴人的藝術表現中，大海女神經常是以一種穿著入時的美麗少女的形象出現，這或許和當時上流社會的婦女喜歡裝飾、花樣也很豐富有關。基本上，古愛琴人的宗教信仰大多是出於自然崇拜。

在所有關於古愛琴文明的考古遺物中，最能表現古愛琴人精神層面最高成就的是美術，包括浮雕、小型雕像、器皿和刀劍裝飾以及壁畫。最精美的壁畫在克里特島的克諾索斯宮，題材和許多雕刻一樣，大多都是表現一些日常的賞心樂事。

說起來，「找到克諾索斯宮」本是那位傳奇考古學家薛里曼的最後願望。

薛里曼在晚年時曾經表示過，希望能夠「以這件偉大的工作來結束自己一生的勞動」，遺憾的是他還沒來得及完成這一樁心願便去世了，享年六十八歲。

2 古波斯帝國橫貫歐亞非

古波斯帝國興起於西亞，屬於印歐民族。儘管在很多後世史家看來，持續數百年的古波斯帝國雖疆域廣闊，對整個人類文明的推進，卻顯然不如羅馬帝國、大英帝國和中國，然而古波斯帝國的存在、或者應該說波斯帝國的締造者居魯士大帝（約西元前五九〇～前五二九年），卻成為世界歷史上一個非常重要的轉折點。

在此之前出現的蘇美文明，可說是整個人類文明的曙光，因此，在接下來的長達二十幾個世紀漫長的時間裡，美索不達米亞始終是世界上最富裕、同時也是文化最發達的地區。直到波斯帝國崛起，才改變了這一悠久的古代世界格局。從那時候開始，美索不達米亞和埃及，無論是在政治還是在文化上，就都不再是世界的中心了。

◆古近東文明的最後輝煌

而波斯帝國後來與希臘的碰撞，也是影響人類歷史走向的重大事件。在這樣的碰撞中，隨著希臘人最後取得了勝利以及波斯人的敗下陣來，在古代世界，也就意味著地中海文明、也就是歐洲希臘羅馬文明，取代了近東文明，意義重大。無怪乎很多學者都說，古波斯帝國是古代近東文明的最後輝煌。

（由於我們這套書基本上是以時間為主軸，所以關於波斯和希臘之間的「波希戰爭」，我們會在卷二《上古史 I》中再做詳細的介紹。）

在開始講述居魯士大帝的故事之前，我們還是應該先花一點功夫，把「波斯」這個詞稍微解釋一下。

波斯源自希臘文裡頭的「波西斯」。當時希臘人把現在伊朗的高原地區和阿富汗的部分地區稱為波西斯，而波斯人則把同樣的地方稱為「亞利安人的土地」（Land of the Aryans），並由此衍生出「伊朗」（Iran）一詞。後來這塊地域便一直以「波西斯」和「伊朗」這兩個詞交互使用，直到西元一九三五年以後，才正式定名為伊朗。

◆——居魯士以寬容統治帝國

現在，我們可以開始來認識這位影響了世界歷史的居魯士大帝了。

大約在西元前五九〇年，居魯士出生於今天伊朗西南部的法爾斯，法爾斯當時是屬於米提國的一省，也算是一個地方部落。

其實從西元前七世紀開始，即使名義上是在米提國的統治之下，但這個部落在國王阿基曼尼斯的領導之下，已經逐漸強大起來。居魯士便是阿基曼尼斯國王的後裔。

關於居魯士早年的經歷，後世了解有限，只知道在他三十二歲左右（西元前五五八年）繼承了父親的位子，成為波斯的國王，此時波斯仍然是米提國的屬國。居魯士繼位三年之後，他舉兵反抗米提國，經過了三年的戰爭，終於成功推翻了米提國。

由於米提和波斯無論是在語言或是血統上本來就相當相近，再加上居魯士保留了米提國原有的行政制度和大部分的法律，所以在後世史家看來，居魯士打敗米提國，不像是一個外來的征服者，而像是中國歷史的朝代更迭，有著「只是取而代之」的濃厚色彩。

接著，居魯士把目光瞄向了位於小亞西亞的呂底亞國。呂底亞國的國王傳說是一位巨富。在西元前五四六年，時年四十四歲左右的居魯士率軍征服了呂底亞國。

下一步，居魯士把目標轉往東邊。經過一系列的征戰，居魯士徹底收服了伊朗的東部，把東部全都納入波斯帝國的版圖之中，到了西元前五四〇年，波斯帝國已經向東擴展到印度河。

這還不夠。或許是接連嘗到了勝利的果實，居魯士的野心愈來愈大，開始把注意力投向了新巴比倫王國。此時新巴比倫王國以美索不達米亞為中心，統治著中東最富饒的地區。

居魯士出兵的時機對他來說非常有利；原來，當時新巴比倫王國的國王很不受臣民愛戴，沒人願意為國王送死，所以當居魯士的大軍一到，新巴比倫王國的士兵根本意興闌珊，無心戀戰。於是在西元前五三九年，居魯士幾乎沒費什麼力氣，就輕鬆征服了新巴比倫王國，並占領了敘利亞和巴基斯坦。這一年，居魯士五十一歲左右。

就這樣，居魯士以伊朗南部一個小王國起家，花了十幾年的時間，陸續打敗了米提、呂底亞和新巴比倫三個王國，統一了大部分的古中東，建立起一個從印度到地中海、相當龐大的波斯帝國。

居魯士對世界歷史的影響，並不僅僅只是像我們在這一節一開始所說「改變了當時世界的格局」，還包括由於他的統治風格很溫和，每征服一個地方之後，對於當地宗教民俗都採取非常寬容的政策，與一般征服者的凌厲作風大相逕庭，這在無意之中就改寫了某些民族的命運。

最典型的例子，就是對猶太民族深遠的影響。

早在西元前五八六年，當新巴比倫王國征服了猶太王國之後，猶太王國京城**耶路撒冷**的人——從國王、貴族到普通老百姓全部被俘，然後大部分都被強迫遷至新巴比倫王國的都城巴比倫，史稱「巴比倫之囚」。可是等到近半個世紀之後，當居魯士征服了新巴比倫王國時，他非常寬大的允許猶太人重返家園。可以說，如果不是居魯士，猶太民族很可能早就消失在歷史的長河之中了。

正是由於居魯士的仁慈和寬大，就算是那些被他征服的民族也都情不自禁的對他讚頌不已。

耶路撒冷——這座歷史悠久的古城，目前同時是以色列和巴基斯坦的首都（當然雙方對此都有爭議）。「哭牆」是耶路撒冷著名的景點之一。這段由大石塊築成的古牆，看起來飽經滄桑，長約五十公尺、高約十八公尺（相當於現代民宅六層樓高），是當年猶太王國第二聖殿護牆僅存的遺址。由於千百年來流落在世界各地的猶太人每當回到耶路撒冷時，都會來到這道古老的石牆面前低聲禱告，哭訴流亡之苦，所以名之為「哭牆」。

收藏於紐約猶太博物館的《巴比倫之囚》繪畫。

雕刻有居魯士釋放巴比倫之囚情景的銀牌（製於 17 世紀）。

居魯士六十一歲左右死於戰場。在他死後，波斯帝國的版圖仍繼續擴大，持續了將近兩百年，並且在這不算短的歲月當中，波斯國內一直保持著和平與繁榮，這與居魯士在建立帝國之初所打下的堅實基礎自然不無關係。

伊朗先知提善惡二元論

波斯文明明顯受到埃及、美索不達米亞、巴勒斯坦文明等影響。波斯文字原為楔形文字，後來才採用三十九個字母。整體來說，波斯文明表現最為突出的是建築和宗教。

波斯建築不是為了要榮耀神，而是為了要榮耀偉大的君主，所以最出色的建築不是神廟，而是王宮。他們喜歡採用厚牆和圓柱，呈現出一種宏偉之感。建築上的石刻和浮雕也都令人讚歎。

至於宗教，波斯的**祆教**（又稱瑣羅亞斯德教）自創建以來，延續了兩千多年，直到現在都還有信徒。因為歷史悠久，所以，若縱貫歷史整個計算起來，祆教教徒數量的總和還是非常驚人的。同時，儘管祆教只是地區性的宗教，不是世界性的宗教，以重要性來說，自然不能與基督教、佛教、伊斯蘭教相提並論，但實際上，

祆教——在西元五、六世紀，南北朝時期傳入中國，一直到唐朝都流行不絕，在敦煌、長安、洛陽等地都有祆祠，供奉火祆。

它的許多神學思想卻深深影響了其他的宗教，譬如猶太教、基督教和摩門教。祆教的創始人瑣羅亞斯德（西元前六二八～前五五一年），是該教聖經《波斯古經》中〈迦泰〉篇章的作者，被譽為「伊朗先知」。他和居魯士大帝一樣，也稱得上是一位改變了世界歷史的人。

我們不妨就來看看瑣羅亞斯德有哪些特殊的神學思想。

首先，他認為世上只有一位真主，他稱之為阿胡拉．瑪茲達，是善之神，代表著光明、真理和正義。然而與此同時，瑣羅亞斯德也相信世間還會有一個惡神存在，叫做阿里曼，製造所有的黑暗和罪惡。長久以來，善神和惡神已經在宇宙間進行了無休無止、永不間斷的鬥爭，在現實世界中，我們每個人都可以選擇到底是要站在善神這一邊，還是惡神那一邊，等於也直接參與了善神和惡神之間的爭鬥。

這種「善惡二元」的觀念，在過去是從來不曾出現過的。令人欣慰的是，儘管善神和惡神雙方始終是勢均力敵，但祆教的教徒們都相信，就長遠的眼光來看，善神終究還是會成為最後的勝利者。

也就是說，祆教帶有強烈的道德勸說的目的，深信善有善報、惡有惡報，每個人都有自由意志來決定究竟是要為善還是為惡，而在最後審判到來之時，也都將為自己一生的善惡得到應有的處置。這就是所謂「強調世界終局」的思想，意思就是說，相信世界將會有一個最終的結局。

祆教在漢語中經常被稱為「拜火教」，這可能是因為他們的宗教儀式經常圍繞著對火的尊敬有關，比方說在廟裡經常會點燃聖火。

最後，古波斯帝國至少還有一個特點，也對西方文明產生了深遠的影響，那就是他們利用神權的帝國制度。這種統治制度為亞歷山大大帝和後繼的希臘化王國君主所效法，並由此傳衍於羅馬帝國。

3 腓尼基文明　建立臨海城邦

在西方古代史中，地中海東岸分為三個區域，南部為巴勒斯坦，是希伯來文明的發祥地；北部沿海一帶為腓尼基；腓尼基以東為敘利亞，屬於腓尼基和亞拉米人之地。不過，「敘利亞」這個詞是從古希臘史學家希羅多德開始使用的，它也常常被用來泛稱地中海東岸的全部區域。

還記得我們在第三章第一節「兩河的故事」中提到過的那個「肥沃月灣」嗎？

地中海東岸就位於肥沃月灣的西端。關於西亞的遠古文明，歷來一直有不少學者認為是來自於兩河流域；是從兩河流域西北的方向，繞過阿拉伯沙漠的北端，再轉而改向西南方向前進，然後一直到達地中海東岸一帶。

在這一節中，我們就要來認識一下腓尼基文明與希伯來文明。

◆傳播字母文字

腓尼基人的政治形態是屬於城邦制。他們在包含黎巴嫩山脈以西的這條狹長海岸地帶，建立了若干城邦，其中最重要的當屬泰爾；在腓尼基城邦兩三百年的黃金時期當中（西元前第十一世紀至前第八世紀中葉），泰爾的國勢達到鼎盛。不過，這主要是拜外部周遭環境變遷之賜；當時埃及的帝國勢力已經式微，愛琴文明遭到希臘人的入侵，而亞述帝國的勢力又還未成氣候。後來當亞述帝國崛起時，包括泰爾在內的腓尼基城邦，就都淪為亞述帝國的附庸了。

其實早在成為亞述帝國的附庸之前，腓尼基城邦在歷史上從未成為過什麼強大的政治勢力，反而連續被埃及人、蘇美人等征服，最後在西元前六四年被併入羅馬帝國的敘利亞行省。政治和軍事不是腓尼基城邦的強項，他們的強項在於經濟和文化。

究其個中原因，顯然有其地緣因素。腓尼基城邦不僅擁有良好的港灣，又介於尼羅河流域和兩河流域兩大古文明之間，這使得他們在先天上就成為古代近東特別有利於商業發展的區域。學者推測，就連腓尼基城邦對於人類文明的不朽貢獻——關於字母文字的創造和傳播，很可能最初也是基於商業上的需要。

字母符號雖然最早是見於古埃及和兩河流域的文字，但無論是古埃及或是兩河流域都沒再做進一步的發展，直到腓尼基城邦從埃及人那裡承襲了字母的原理，然後在西元前第十四世紀以前，就已經開始使用二十二個字音符號，創造了後世所知道的世界上最早的字母文字。學者推測，腓尼基人就是因為經濟活動熱絡，使得他們一方面精於工藝（包括玻璃、金屬製品，以及一種從海產動物所提製而成的特殊染料等等），另一方面腓尼基人也極善於將他們的商品銷售出去，於是，基於在商業往來上經常要與異鄉人溝通和接觸的實際需求，腓尼基人才會特別需要有這麼一種簡單確定的聲音符號，來做表達和紀錄。

海事技術發達

腓尼基人是古代地中海世界繼愛琴人之後的大航海經商者。希臘人雖然也長於海上貿易，但他們航海經商的發達是在腓尼基人之後。腓尼基人的航海活動遍及整個地中海各地，還在北非、西班牙半島南部、塞浦路斯，以及其他地中海島嶼廣建殖民地。他們的航海知識和技術都相當進步，北極星在古代甚至曾經被稱做「腓尼基人之星」，可見夜晚在大海上航行，對腓尼基人來說也不是什麼難事。於是，當腓尼基人創造出字母文字之後，經由海上經商，自然而然便將這種相當好用的字母文字廣為傳播，終為古代近東和地中海世界所普遍接受，不僅成為古希臘人和阿拉伯人字母文字的共同淵源，進而也成為近代所有歐洲的、希伯來的、阿拉伯的、乃至很可能還包括印度在內字母文字共同的遠祖。

也就是說，腓尼基城邦為古代世界文化的提升與交流，有著非常重大的貢獻。這也是他們為人類文明所做出的了不起的成就。

不過，不只是腓尼基人藉由海上的商業活動來傳播他們所創造出來的字母，居住在黎巴嫩以東敘利亞沙漠的亞拉米人，也不斷在陸地上傳播著腓尼基人的字母，這一點我們也不能忽略。

亞拉米人和腓尼基人一樣，在歷史上屢遭來自尼羅河流域、小亞細亞和兩河流域強大鄰邦的征服，但他們也曾數度入侵兩河流域，在公元前第十世紀一次入侵兩河流域的行動中，有的部族後來就留在當地，漸漸成為兩河流域人口的主要成員之一。西元前第七世紀末傾覆亞述帝國的加爾底亞人，就是亞拉米人的後裔（我們在第三章「攻伐不斷的兩河文明」中曾經提到過加爾底亞人）。

為什麼說亞拉米人對於傳播腓尼基人的字母也發揮了很大的作用呢？這是因為亞拉米人是近東陸地上最活躍的國際商人，一如腓尼基人是海上最成功的國際經商者一樣，而且這種情況至少持續了數百年，以至於早期猶太教和基督教的經典文獻都是用亞拉米語所寫的，因為在當時，亞拉米人的語言早就成了西亞地區的國際語言。

4 希伯來文明　希伯來人尋找落腳處

現在，我們來認識一下有關希伯來文明。

希伯來人原來是住在阿拉伯半島。他們是遊牧民族，幾乎從一登上世界歷史的舞臺開始，就一直在近東四處遷徙。希伯來人曾經企圖占領肥沃月灣中一處狹長的地帶，就是今天的巴勒斯坦，傳說這是一塊「流著奶和蜜的土地」，不過，因為當時這塊土地早就被一個名叫「迦南」的部落占有，於是希伯來人就和迦南人進行了歷時多年的戰爭，但最終不敵非常英勇的迦南人，以失敗收場。

◆—摩西領隊逃出埃及

接下來該怎麼辦呢？這時，有人表示，聽說在遙遠的地方，有一個非常理想的安身之地，凡是去過的人都盛讚不已，建議大夥兒乾脆就到那裡去吧。這塊傳說中的美地就是埃及。於是，在族長的帶領之下，希伯來人離開了巴勒斯坦，歷經千辛萬苦，終於抵達尼羅河三角洲東部的草原，並且在那兒安居了幾百年。

直到西元前一三〇〇年左右，當埃及法老拉美西斯二世打算建造兩座巨型宮殿，需要大量的人力，就將希伯來人當成奴隸，讓他們擔任各式各樣的苦工，希伯來人苦不堪言，但又毫無辦法反抗。這種情況在拉美西斯二世駕崩之後，希伯來人終於出現了一線生機；趁著當時埃及疲於應付來自四面八方包括野蠻民族和海盜的入侵、無暇顧及其他時，希伯來人的族長**摩西**決定帶領所有族人越過紅海，逃出埃及。這就是著名的「出埃及記」的故事（我們在前面第三章介紹蘇美文明中曾經略微提到過）。

摩西——雖然是非常重要的古希伯來民族領袖，但歷史上有關他生平的可信材料卻很少，只知道他應該是生活在西元前十三世紀。他是後世猶太教徒、基督教徒和穆斯林共同擁戴的人物。

摩西認為只有回到迦南（意思就是回到那塊被他們先祖所形容的「流著奶和蜜的土地」），才是唯一的出路，然而因為多數希伯來人都沒有勇氣去跟強悍的迦南人戰鬥，摩西只好帶著族人到處流浪，就這樣過了四十多年。在摩西過世之後，約書亞接下了摩西的棒子。此時，經過四十多年生活的磨練，希伯來人不再像之前剛剛逃出埃及那個時候那麼的軟弱了，於是，在約書亞的帶領之下，他們終於如摩西所願，敢於回去跟迦南人戰鬥，並且在經過一段緩慢且艱難的過程之後，最後成功的打敗了迦南人。

其實在拿回迦南之前，希伯來人還曾經遭遇過另外一支新來的敵人的威脅，那就是來自愛琴世界的非利士丁人（「巴勒斯坦」這個名字就是源自「非利士丁」）。由於非利士丁人的嚴重威脅，使希伯來人有感於過去他們一直是以宗教領袖——所謂的「士師」兼掌軍政的做法，似乎已經不能符合時代的需要、不能確保大家的安全，他們需要像列國一樣，也要有一個國王來負責治理國政。於是，在西元前一〇二五年前後，希伯來人推舉在戰鬥中表現得特別勇猛的掃羅為王，希伯來王國就此誕生。

◆——保存近東文學經典

除了掃羅，希伯來王國還有兩位國王，在歷史上都非常有名。

● 大衛王。大衛王在位的四十年，是希伯來王國的極盛時期；他率軍擊退了非利士丁人，加強以色列十二族的團結，並且在耶路撒冷興建一個宏偉氣派的國都。

● 所羅門王。所羅門王是大衛王的兒子，也在位四十年左右，他在位期間是王國最繁榮的時期，據說每年從各個附屬國就可以征收相當於十萬公斤黃金的貢品。所羅門在耶路撒冷建造了一座聖殿，把所有的金銀財寶都存放在聖殿裡，這就是歷代相傳的「所羅門王的寶藏」。數百年後，當新巴比倫王國的軍隊攻占耶路撒冷時，這些寶藏不知去向，以至於幾千年來仍然有很多人在找尋這些寶藏，這個主題也提供了許多文藝和影視作品的創作靈感。

關於所羅門王，歷史上對他的評價不一而足，最鮮明的一個標記就是智慧，時至今日，在西方只要想稱讚某一個人很聰明的時候，很多人還會用「**所羅門的智慧**」來形容。但也有人批評他好大喜功，做了不少國家財政根本無力負擔的事（譬如在耶路撒冷建造聖殿），所羅門王因此增加賦稅，加重了老百姓的負擔，甚至還出賣領土來彌補財政的缺口。

不過，所羅門王很明白王國的地理優勢，並懂得善加利用；由於位處

所羅門的智慧——最有名的一個例子應該就是仲裁兩個婦女爭奪嬰兒的故事了。這個故事是說，有兩個婦女為了搶奪一個小嬰兒而鬧到所羅門王那裡，面對兩個婦女都堅稱自己是嬰兒的母親、可是又都沒有旁證的情況之下，所羅門王命人拿來一把刀，下令乾脆把嬰兒劈成兩半，一人分一半，其中一個婦女一聽，立刻臉色發白，懇請所羅門王開恩不要傷害孩子，她願意放棄，就讓另外那個婦人把孩子抱走，所羅門王立刻據此判斷，這個一心只想保護嬰兒的婦人，才是孩子真正的母親。

所羅門王在審判中展現了他的智慧。

歐亞非三大洲的交界處，這裡自古以來就是東西方貿易的主要通道，所以他一方面對近鄰（譬如埃及）採取友好政策，另一方面也積極開闢和控制某些重要的商業路線，甚至還曾派人遠航到過東非。

在所羅門王死後（西元前九二五年），希伯來王國就分裂了，北部的十族自行建立王國，叫做「以色列王國」，南部的王國也改稱為「猶太王國」。

大約兩百年後（西元前七二二年），以色列王國被亞述人所滅，人民被驅散至各地，史稱「失蹤的以色列十族」，而猶太王國的國祚則多延續了一百多年，直到西元前五八六年被新巴比倫王國所滅（這個我們在本章第二節曾經提過）。

然而，希伯來人的特別之處，便在於即使國家都滅亡了，但整個民族卻依然可以延續，這主要得益於他們的宗教，是宗教把希伯來人始終緊密的聯繫在一起。事實上，希伯來文明在世界歷史中的重要性，主要也是因為它的宗教，包括堅守一神信仰（深信世上只有一個救世主）、視神為立法者和審判者等等。希伯來人的宗教，是後世兩大宗教——基督教和回教的共同淵源。

希伯來文明中其他重要的部分，包括法律、哲學和文學，其實也都與他們的宗教有關。尤其是文學，近東古代文學能夠流傳於世的，無論是質或是量，希伯來文學都是首屈一指，而希伯來文學又幾乎全部都保留在《舊約全書》之中。

第七章　文明擴散效應

衝突與交融，可說是文化發展的動因，
在古文明的世界中，
掌握鐵礦和馬匹的遊牧民族會威脅農業村落的安定，
但戰爭也會讓世界技術、物產等資源產生交換。
以特洛伊戰爭為例，
雖然當中包含了美女與英雄盪氣迴腸的精采故事，
但在史學家的眼中，
則是一場國家聯盟、搶奪資源的戰爭。

1 在戰爭中文化交流

講到這裡，我們不妨稍微停下來，想一想，文化究竟是如何擴散的？

打一個也許不是很準確的比喻；就好像一個創業者好不容易開了一家公司，經過一段時間的打拼，也站穩了腳跟之後，幾乎都會想要再接再厲更上一層樓，繼續拓展自己的事業版圖，提高自己在社會上的影響力一樣，這就是一種「向外擴散」。而人類文明發展至今，歷史上經常有「文化向外擴散」的現象。

這種現象，在本質上是基於物質需求，或者說是為了爭奪資源，而在方式上，除了商業行為（就好像我們在前面介紹過的腓尼基城邦），往往還是免不了會採取戰爭手段。

當然，就長遠的角度來看，文明的進程終究還是要尋求和平、以合作的方式來達到文化交流的目的，只是我們也不能迴避一個事實，那就是——戰爭、尤其是在古代的戰爭，居然也是一種文化交流的方式，因為兩個不同的民族經常就是在戰場上首次相遇，或是產生更深層次的接觸，而在戰後雙方又或多或少都會從對方的身上（文化上）吸收到某些心得。

在這一章中，我們先來討論一下關於「文明」和「野蠻」

在伊朗地區出土的西元前七世紀的沒握把鐵劍。

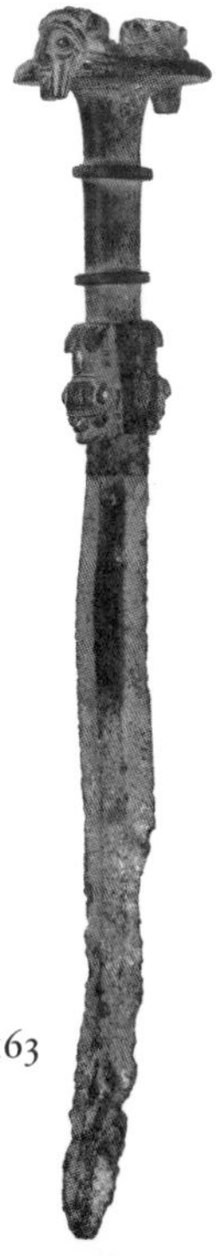

有握把的鐵劍。

的問題，然後要講述一場西方古代特別著名的戰爭——特洛伊戰爭，交戰雙方是希臘和特洛伊。這場戰爭發生在三千多年以前（約西元前一二五〇年），大約就在摩西率領希伯來人逃出埃及的四十年後；比腓尼基文字的出現、掃羅被擁立為王、中國周朝建立、擅長使用鐵器的亞述帝國建立、印度出現種姓制度等等這些重大事件都還要來得早。

甚至，就連希臘城邦體制都是在西元前八一四年左右才逐漸成形（這個我們會在卷二《上古史Ⅰ》再做介紹），可特洛伊戰爭卻是發生在距此四百多年以前。由於這場戰爭，位於歐洲東南角、巴爾幹半島南端的希臘，和位於亞洲西部小亞細亞的特洛伊，有了比以往更深入的文化交流。

2 「文明」與「野蠻」的對抗

從世界四大古文明我們就可以知道，人類文明發展的過程，幾乎都與農業生產技術的進步有關，只有在掌握了一定的農耕技術之後，才會促使人口逐漸集中、城市興起。與此同時，人們基於彼此溝通和交流的需要，文字的發明遂應運而生；

文字的誕生是各個古文化的重要特色。接下來，國家社會組織形成，建立了行政制度，人們有了一個管理者，理論上管理者能夠站在一個比較宏觀的角度來管理農業生產，使農業活動發揮最大的效能，養活更多的人口。而在廣大人民的基本生活都受到保障之後，工藝產品以及商業活動也才有機會獲得提升與發展。像這樣的社會，在歷史上都屬於「文明」的象徵。

與「文明」相對的概念，自然就是「野蠻」。不過，請注意，這真的就只是一個相對的概念，就好像「冷」相對於「熱」、「高」對「矮」、「胖」對「瘦」等等，不是絕對的，也不是永久不變的。很多遊牧民族一旦占據了某一塊理想的地域之後，也會慢慢定居下來，然後學習當地的農耕技術，久而久之也就變得比較「文明化」了；也有不少民族是在吃了遊牧民族的苦頭、被遊牧民族征服之後，也學會了遊牧民族的戰技或是一些特別厲害的本事，然後反過來驅逐這些遊牧民族，恢復自己的文化。然而這裡所謂的「恢復」，實際上也已經是吸收了被他們視為「野蠻」民族的某些文化，而形成的新文化。無論如何，在歷史的進程中，「文明」與「野蠻」就是一直在不斷的對抗，然後再不知不覺的相互融合。

在歷史上，通常都是那些逐水草而居的遊牧民族被稱為「野蠻」的民族。遊牧民族出現在世界歷史的舞臺很早，在西元前三千年左右，印歐民族就已經出現了（這裡說的「印歐民族」，文化意義要大於種族意義），學者推測他們很可能是發祥於裏海一帶。

「裏海」位於歐洲和亞洲的交界處，雖然稱之為「海」，但在現代地圖上它並不是海，而是世界上最大的一個內陸鹹水湖，只不過，在古代（距今至少一萬一千多年以前），裏海真的是一片海，是地中海的一部分，因此它始終擁有與海洋相似的生態系統。現在裏海一共與五個國家接壤，分別是俄羅斯、阿塞拜疆、哈薩克斯坦、土庫曼斯坦和伊朗，是世界上接壤國家最多的湖泊。

印歐民族以鐵馬致勝

其實在很久很久以前，歐亞大草原有兩類遊牧民族，以阿爾泰山山脈至天山山脈為界，印歐民族在西邊，突厥和蒙古等民族在東邊。位於東邊的遊牧民族，由於地理位置使然，不僅可以接近歐洲、中東和印度，也經常讓中國倍感壓力。不過，由於歐亞大草原東半部的生存環境更為艱難，不僅山脈更高，氣候也更為乾燥，因此自古以來這些遊牧民族出於求生本能，總是會自然而然從東邊向西邊移動。

印歐民族發祥於裏海一帶之後，也慢慢開始移動，主要的路線有兩個，一個是朝著東南方向進入印度，另一個是往西南方向到達小亞細亞和東南歐洲，包括多瑙河平原和後來的俄羅斯南部，這麼一來，便對中東和印度河流域文明形成了威脅。

比方說，印歐民族中的西臺人，是歷史上第一個懂得如何使用鐵的民族，他們在西元前一九〇〇年左右進入小亞細亞中部（相當於今天土耳其南部），建立了一個強大的王國。這個王國在西元前一五九〇年左右曾經攻擊過兩河流域的古巴比倫王國。西元前一四五〇至一二〇〇年這兩百多年之間，是他們的極盛時期。除了古巴比倫王國，他們也曾經侵擾過包括埃及在內的其他地區。後來大約在西元前一二〇〇年，他們被一股來自海上的不明勢力所滅。

又如，繼西臺人之後，另外一支印歐民族開賽特人（我們在第三章「攻伐不斷的兩河文明」中提到過他們），在西元前一六〇〇年左右，他們從美索不達米亞以東的山脈而來，滅掉了古巴比倫王國。

此外，還有來自亞美尼亞高山的休倫人，以及來自古代亞洲西部、一個以閃族為主的混合民族西克索人等等，都是相當厲害的遊牧民族。

這些遊牧民族之所以會那麼厲害，分析起來不外乎以下幾個原因：

● 由於原本的生存環境比較惡劣，無形之中也使這些遊牧民族培養出比較強悍和堅韌的特質。

● 既是遊牧民族，自然就非常善用馬匹，這使得他們具有比較強大的戰鬥力，每當入侵時總是騎兵對步兵，優勢明顯。

● 雙輪戰車也是由遊牧民族所發明，時間大約在西元前一七〇〇年後不久。與以往四輪戰車相比，雙輪戰車更輕盈、更容易操控，速度也更快，如此當然又提升了他們的戰鬥力。西克索人就是用雙輪戰車擊敗了埃及人，在西元前十八世紀至西元前十六世紀統治過埃及兩百年。

● 最後，他們會使用鐵器，這是遊牧民族之所以能夠所向披靡的真正關鍵。

儘管早在西元前四千年左右，人類就已經知道鐵這種金屬的存在，但始終無法將它製成像其他金屬一樣的器具，因為只要一將鐵加熱熔解、倒入模子，它就會變得很脆，如果做為兵器，完全不能承受任何猛烈的擊打。直到經過兩千多年、到了西元前一四〇〇年左右，西臺人終於發展出一種獨特的方式，用木炭冶煉、錘打，來使鐵吸收到一些碳的成分，這樣的做法使鐵的質地得以發生變化，一方面仍保有青銅器般的強硬度，但另一方面又變得很有彈性，還很價廉，從此就輕易取代了青銅，可以做成各種不同的武器和用具；譬如，他們除了刀劍還會用鐵

亞述人在征戰中收集的戰利品象牙版。

來製作頭盔和甲冑，降低了士兵、尤其是步兵在戰場上的傷亡。

關於鐵器的製作，原本是西臺人的最高機密，直到西元前一二〇〇年左右，隨著西臺王國的滅亡，鐵器的製作技術很快便流傳各地。

遊牧定居互相影響

在結束這一節之前，我們還是要再度強調，「文明」與「野蠻」的對抗不是絕對的，同時，文化的擴散也不會是單向進行，而經常就是相互之間自然而然產生了影響。譬如，自從開賽特人把馬兒傳入兩河流域之後，此後無論是在埃及或是西亞，馬的使用就愈來愈廣，尤其是被用來做為軍事之用，更是非常普遍；又如，來自亞美尼亞高山的休倫人，曾經在巴比倫之北的亞述地區建立過王國，在西元前十六世紀時相當強盛，他們本來是遊牧民族，可是一旦定居之後，便逐漸吸收了很多美索不達米亞的文明，並且接下來還毫無意外的傳播給包括西臺人在內很多周圍的民族……這些都是文化會交叉影響、並且會自然向外擴散的好例子。

3 特洛伊戰爭

話說在**西元前十三世紀左右**，**斯巴達**出了一位美女，名叫海倫。海倫從小就是一個美人胚子，長大以後更被公認是全希臘各國中最美的女子，希臘各國的王公貴族都紛紛對她展開熱烈的追求，有些人即使明知自己希望不大，也以能夠見到海倫、一睹芳容為榮。由於追求者實在是太多太多了，後來，大家就自動達成一個君子協議，紛紛表示就讓海倫自己來選擇丈夫吧，不管海倫選擇了誰，今後大家就要一起守護他們夫妻的幸福。

後來，海倫選中斯巴達國王的兒子墨涅依斯，其他的求婚者也果真都很有風度給予了最大的祝福。不久，墨涅依斯做了國王，海倫連帶成了王后，兩人相親相愛，還生了一個孩子，生活過得非常美滿。

不料，如此平靜幸福的日子突然就被打破了。

◆傳說中的戰爭源起

一天，從遠方來了一位尊貴的客人，這是來自特洛伊王國的王子帕里斯。特

西元前十三世紀左右——經過考古學家的努力，已經證實特洛伊戰爭是發生在西元前十三世紀到十二世紀中葉，也就是愛琴文明的後期。

斯巴達——古代希臘城邦之一。我們會在卷二《上古史Ⅰ》中加以介紹。

洛伊是位於小亞細亞半島上的一個小王國，和希臘隔海相望。有朋自遠方來，墨涅依斯盛情款待，海倫也一起出席，參與接待。沒想到帕里斯和海倫一見鍾情，海倫為了愛情竟然不顧一切，拋夫棄子，跟著帕里斯跑了。帕里斯甚至還搶走了王宮裡很多的財寶。

這對墨涅依斯來說自然是奇恥大辱。憤怒的墨涅依斯立刻連夜趕到邁錫尼城，找到他的哥哥**阿加曼儂**，阿加曼儂是當時希臘各國的霸主，墨涅依斯要求哥哥一定要為他復仇！

阿加曼儂得知弟妹居然被一個小國的王子給拐跑了，也非常氣憤，馬上召集希臘所有的國王來共商對策。大家都義憤填膺，更何況想起當初在墨涅依斯和海倫結婚時，大家不是早就一起誓言要共同守護他們的幸福嗎？如今一個小小的特洛伊竟敢如此囂張，簡直是太可惡了！於是，大家很快就推舉阿加曼儂為統帥，決定要共同出兵，消滅特洛伊！

很快的，一支由十萬人馬、一千多艘戰艦所組成的希臘聯軍，就這麼浩浩蕩蕩的朝著特洛伊出發了。當希臘聯軍出現在海平面上時，那種壯觀的場面令特洛伊人無不深感震驚。然而，儘管是他們的王子做了不公不義之事，可是面對希臘大軍壓境，特洛伊人還是義無反顧的奮起抵抗。

阿加曼儂——還記得我們在第六章第一節的「愛琴文明」中提過，那位傳奇考古學家薛里曼在西元一八七六年發現了邁錫尼文明嗎？當時薛里曼非常興奮，就是因為邁錫尼是特洛伊戰爭中希臘聯軍首領阿加曼儂的故土。

特洛伊人將潛藏危機的木馬拉進城內。

特洛伊城雖然小，但非常堅固，雙方一開戰，戰爭就持續了九年。眼看特洛伊久攻不下，那些離鄉背井、苦苦作戰的希臘士兵們，漸漸有些支撐不住，鬥志開始慢慢瓦解……

◆─巨大的木馬

到了第十年，有一天早上，特洛伊人赫然發現希臘聯軍的軍艦竟然都不見了。特洛伊人見狀，真是驚喜交加，立刻奔走相告，哇！真是太好了！希臘聯軍終於撤退了！戰爭終於結束了！

特洛伊國王立刻派出一支偵查部隊出城去仔細查看。偵查結果更令人大吃一驚；希臘聯軍確實是都撤退了，海灘上空空如也，可是卻有一個巨大的木馬。

希臘人為什麼會留下這麼大的一個木馬？這個木馬又是做什麼用的？……就在特洛伊人圍著木馬，一邊仰頭張望，一邊議論紛紛的時候，偵查隊員抓到一個希臘士兵，據他自己供述是不小心被誤留下來的。不用說，偵查隊員當然馬上就把這個希臘士兵五花大綁送去見他們的國王。

這個希臘士兵吞吞吐吐的透露，木馬是他們用來祭祀雅典娜女神的，之所以會造得這麼巨大，是唯恐被特洛伊人拖進城裡，那樣雅典娜女神就會變成是賜福給特洛伊人了。這個希臘人還說，其實他們的如意算盤，是希望特洛伊人在不明就裡的情況之下毀掉這個木馬，引起雅典娜女神的震怒，如此一來，雅典娜女神就會降禍給特洛伊。

特洛伊國王聽了，大喜過望，下令盡快將那個木馬拉進城裡，好讓雅典娜女神賜福給特洛伊。

就在士兵們忙著拉動木馬時，祭司勞孔趕過來著急的大聲阻止，說千萬不能把這個木馬拉進城，應該把它燒掉，說這一定是敵人的詭計！

但是，沒人理他，大家還是手忙腳亂的拼命想把木馬往城裡拉。勞孔情急之下，抓起一根長矛就刺向木馬，木馬頓時發出可怕的響聲，把大家都嚇了一大跳！大家還沒回過神來，又看見兩條可怕的大蛇突然從大海裡竄了出來，直接就朝勞孔和他的兩個兒子撲了過去！

經過一番搏鬥，勞孔父子不敵，就這樣活生生被兩條大蛇給纏死了。緊接著，兩條大蛇就無聲無息游到雅典娜女神的雕像下面，神祕地消失了。

「看哪！」那個希臘士兵大喊：「一定是因為他想毀掉我們送給女神的禮物，才會遭到這樣的懲罰！」

如果說之前還有人贊同勞孔的看法，只是不敢說出來，如今在親眼看到勞孔父子慘死之後，特洛伊人就再也沒有一絲一毫的懷疑，只巴不得能立刻就把木馬給拉進城裡。由於這個木馬實在是太大了，竟然比特洛伊城牆還要高，為了能夠把木馬拉進城，他們還不惜連忙拆開了一段城牆。

當天晚上，全城軍民一起狂歡，唱歌跳舞，又笑又鬧，還大吃大喝，尤其是喝光了所有的美酒。到了深夜，每個人都喝得東倒西歪，這才沉沉睡去。即使是沉睡，每個人的嘴角也都帶著深深的笑意。十年漫長的戰爭終於結束了，他們終於同心協力趕走了希臘人，還破壞了希臘人的陰謀，讓雅典娜女神轉而賜福給特洛伊，怎能不叫人激動啊！

就在全城軍民都熟睡之後，那個慫恿特洛伊人把木馬拉進城裡的希臘士兵（他其實是希臘著名的將領奧德修斯），悄悄來到木馬邊，輕輕的敲了三下，然後，藏在木馬肚子裡、一個個全副武裝的希臘士兵就魚貫而出，通通溜了下來。他們不僅輕鬆殺死一堆還在睡夢中的特洛伊守軍，還迅速打開城門。那些躲在附近、根本沒有離開的大批希臘士兵立刻像潮水一般湧入城內，一時之間，殺聲震天，火光滿天，特洛伊就這樣陷落了。

戰後，特洛伊的男人幾乎都被殺死了，婦女和兒童則大多都被賣為奴隸。希臘人把特洛伊城內的金銀財寶全部搜刮一空，然後揚帆而去。海倫也被自己原來的丈夫墨涅依斯帶回了希臘。

有很多人把這個故事稱之為「木馬屠城記」。這是出自奧德修斯的計謀。直到現在，西方還有一句頗為戲謔的俗語：「當心希臘人的禮物！」就是從這個故事而來。

在希臘神話中，特洛伊戰爭其實是源於一個金蘋果之爭。傳說在一場隆重的皇室婚禮中，因為幾乎邀請了奧林帕斯山上所有的神仙，唯獨漏掉了「爭吵女神」（也有「麻煩女神」一說），後來，「爭吵女神」得知之後，怒氣沖天的不請自來，朝桌上丟了一個金蘋果，沒多久就引起一番爭吵（難怪人家一開始不敢請她來啊），每個女神都想要得到它，為什麼呢？原來，這個金蘋果上面

希臘神話中三女神爭奪金蘋果。

有一句話——「給最美麗的女神」。

稍後，多數女神都放棄了，唯獨三位女神仍然堅持非要得到這個金蘋果不可，這讓天帝宙斯頭疼得很，就讓她們去找特洛伊的王子帕里斯來評判，看看到底哪一位才是最美麗的女神。為了得到金蘋果，三位女神不約而同都設法私下籠絡帕里斯；天后赫拉說，只要帕里斯把金蘋果給她，就會讓帕里斯成為天底下最有權勢的君王，智慧女神雅典娜保證會讓帕里斯成為一個最聰明的人，愛與美的女神**阿佛洛狄忒**則許諾會讓帕里斯得到全希臘最美的女子。結果，帕里斯把金蘋果給了阿佛洛狄忒，因為他不想要權勢，也不想要變得多聰明，只想要美人。所以後來在阿佛洛狄忒施行魔咒的情況之下，帕里斯才會和海倫一見鍾情。而在十年特洛伊戰爭期間，這些天上的神仙也沒閒著，有的幫希臘，有的幫特洛伊，也是一場混戰。

◆——希臘聯軍取得勝利

現在，故事講完了，讓我們回到歷史上再來看看這場戰爭。

在史學家的眼裡，特洛伊戰爭自然沒那麼多勾心鬥角，也沒那麼多羅曼蒂克，

阿佛洛狄忒——其身分在古羅馬神話中有一位相對應的女神，叫做維納斯。

無非就是古希臘為了爭奪特洛伊重要的地理位置和貿易權益，然後聯合了西臺人所發動的侵略戰爭，而在戰後，東地中海成為希臘人的天下，希臘人也開始向小亞細亞實行殖民，使得東西方文化有了初步的文化交流。

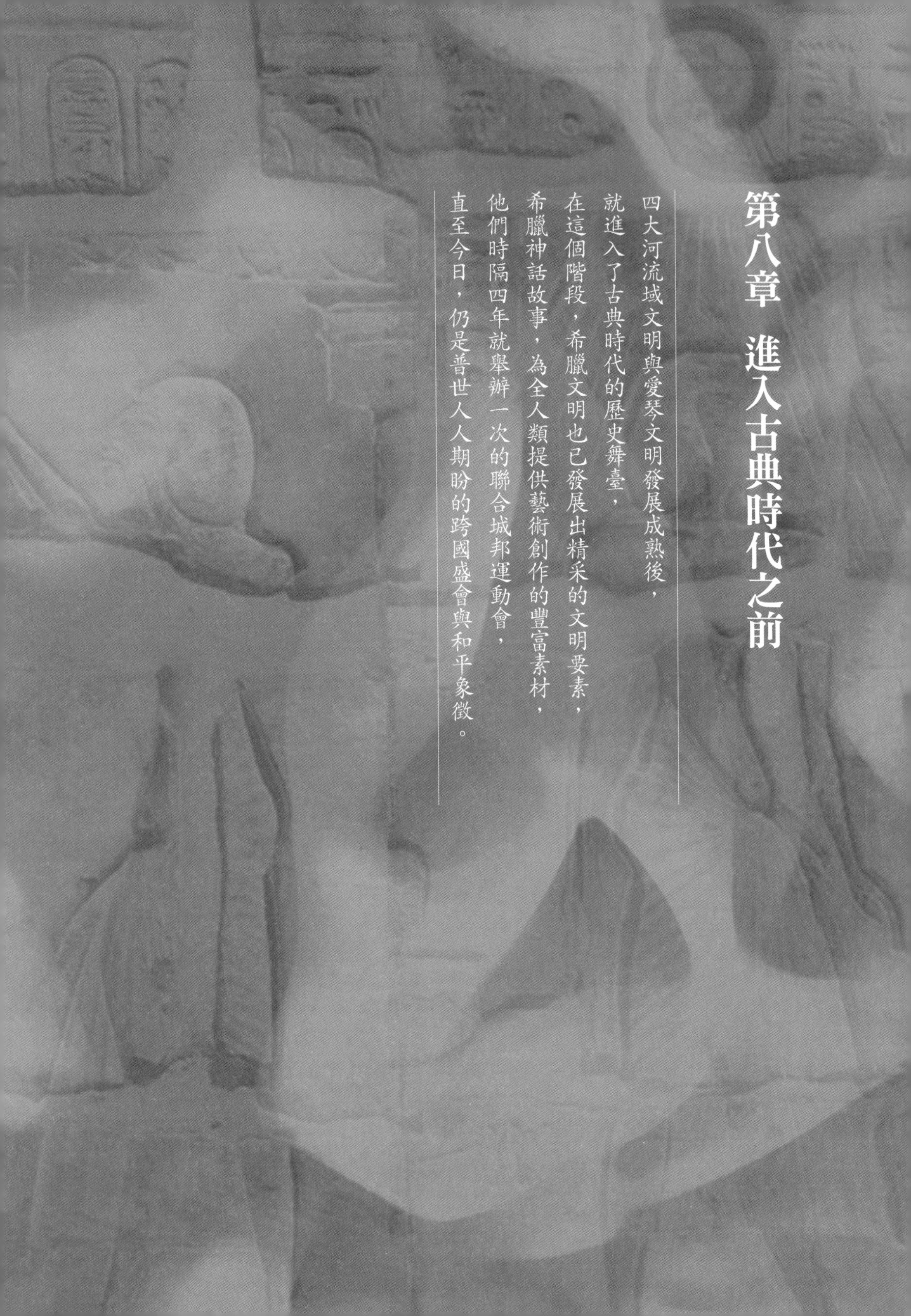

第八章　進入古典時代之前

四大河流域文明與愛琴文明發展成熟後，
就進入了古典時代的歷史舞臺，
在這個階段，希臘文明也已發展出精采的文明要素，
希臘神話故事，為全人類提供藝術創作的豐富素材，
他們時隔四年就舉辦一次的聯合城邦運動會，
直至今日，仍是普世人人期盼的跨國盛會與和平象徵。

1 認識古希臘文明

關於世界史的序幕，我們講到這裡已經差不多了，從卷二開始，我們就將進入古典時代（至於什麼是「古典時代」，請容在卷二再做詳細的說明）。

不過，由於講到古典時代首先要講的就是希臘文明，希臘文明可說是後世西方文明的根源，再經過羅馬文明的發揚光大，不僅英國史學家費雪（西元一八六五～一九四〇年）曾經非常明確的指出：「我們所有的歐洲人都是希臘的後裔。」英國著名詩人雪萊（西元一七九二～一八二二年）也曾經說「我們都是希臘人」，因為「我們的法律、文學、宗教、藝術……其實都是根植於希臘」。就整個人類文明史、尤其是西方文明史而言，希臘文明確實是太重要了。

不過，還記得我們在第六章第一節「愛琴文明」中曾經提到過的，直到十九世紀下半葉、距今差不多一百五十年以前，世人才恍然得知，原來在古希臘文明以前，竟然還有一個更為古老的「愛琴文明」，而且愛琴文明還可以說是希臘文明的先驅嗎？這是因為在希臘人還沒有進占到愛琴區域之前，在當時的近東和地中海世界，世界文明的中心顯然還是在大河流域，而在希臘人進占愛琴區域之後，一切就都不一樣了。儘管希臘人一度使得愛琴區域進入到黑暗時期，（想想看，光是特洛伊在被希臘人攻破之後就徹底成了一片廢墟啊！）只是後來希臘人就這樣在愛琴文明的廢墟之上，漸漸培育出自己的文明，歷時數百年，直到西元前第六世紀，希臘文明真正臻於成熟，有了自己的特色，並且普遍影響了整個地中海區域，從此地中海文明遂繼尼羅河流域文明和兩河流域文明，成為西方新時代文明的中心。

在這一卷結束之前，也就是在卷二正式要進入古典時代之前，我們不妨先來了解一些關於古希臘的文化，算是一個暖身吧。

2 希臘宗教思想與奧林匹克運動會

也許當你第一眼看到這個標題的時候，會覺得有些奇怪，為什麼會把「希臘宗教思想」和「奧林匹克運動會」放在一起呢？這當然是有原因的；不僅僅只是因為奧林匹克運動會起源自希臘，距今已經超過兩千七百年以上的歷史，而且在古代希臘社會，「運動會」本來就是屬於祭祀活動的一個環節。

所以，在講述關於奧林匹克運動會之前，我們還是有必要先花一點功夫來稍微了解一下關於希臘人的宗教思想。

◆熱鬧的奧林帕斯山

古希臘人信奉的是多神教，他們整個宗教文化與奧林帕斯山的關係很深。準確來說，奧林帕斯山不是一座山，而是綿延不斷、長約四十公里的山脈，位於希臘北部，接近愛琴海海岸，最高峰近三千公尺。

在古希臘人的心目中，在奧林帕斯山上住著很多很多的神仙，這些神仙的模樣和一般凡人幾乎沒有什麼不同。比方說天神宙斯是一個中年壯漢、看上去就是一位十分威嚴的統治者；愛與美的女神阿佛洛狄忒是一位絕色美女；太陽神阿波羅則是男性美的象徵；戰神阿瑞斯是一個戴著頭盔、手持長矛的英俊青年；酒神狄俄尼索斯身材肥胖，有一個大肚子（所以「啤酒肚」之說是有道理的）。死神塔納托斯的形象不止一種，一般是一位長著翅膀、蓄著鬍鬚、年紀偏大的長者，但有時也會以一個沒有鬍子的年輕男子、或是

希臘化時代浮雕殘片上的奧林帕斯十二神。

一個小孩子的面貌出現等等。

這些神仙即使是出身比較特殊，譬如阿佛洛狄忒女神是誕生在浪花之中、雅典娜女神是從天帝宙斯的腦袋中跳出來、酒神狄俄尼索斯在足月之前是被縫在天帝宙斯的大腿裡等等；或者他們在裝扮上畢竟還是與凡人不同，譬如眾神的使者赫爾墨斯，腳上穿著的是一雙帶有翅膀的涼鞋，意味著動作敏捷等等，但基本上這些神仙和凡人可以說沒有什麼不同。比方說，他們都有自己喜歡的動物，阿佛洛狄忒女神最愛鴿子、戰神阿瑞斯將兀鷹視為聖獸、狩獵女神阿爾忒彌斯最喜歡鹿和獵犬、海神波塞冬喜歡馬（傳說馬這種動物就是波塞冬所創造的，當他後來統治海洋以後，還將幾匹馬變成長著尾鰭的魚馬雜交的動物，讓牠們在水中為他拉車）等等，最重要的是，這些神仙也都像凡人一樣有著七情六慾和各式各樣的情緒。前面說過的「金蘋果之爭」，就充分流露出三位女神的好勝和虛榮，而在整個特洛伊戰爭當中，眾多神仙各自站隊，分別支持希臘或特洛伊，其中也有很多是屬於自己的私心。

就是因為這些神仙都太像凡人了，所以在古希臘人看來，他們都十分可親；所謂的神，並不是那麼的高不可攀。甚至有很多古希臘英雄都是屬於半人半神，譬如在特洛伊戰爭中希臘聯軍的第一勇士阿基里斯就是一個典型的例子。傳說阿

《維納斯的誕生》是義大利畫家桑德羅·波提切利在 1480 年代的畫作。

陶罐上繪有和海神波塞冬相關的希臘神話。

基里斯是海洋女神忒提斯和英雄珀琉斯的兒子，在他出生後，母親忒提斯為了保護他，一手抓住阿基里斯一隻小腳的腳踝，把他倒提著浸入冥河之中，從此阿基里斯就全身刀槍不入，只有沒被冥河之水浸到的腳踝是他唯一的弱點。還有另外一個版本是說，在阿基里斯出生後，母親忒提斯先用天火把兒子凡人部分的軀體燒掉，再用神膏將他恢復，但因在最後關頭忒提斯擔心被珀琉斯發現而停手，匆匆離開，結果剩下腳踝部分還來不及保護好，所以這裡就成了阿基里斯渾身上下唯一的弱點。

在特洛伊戰爭中，阿基里斯不僅殺了特洛伊最高統帥赫克托，還大肆屠殺特洛伊人，引起太陽神阿波羅強烈的不滿，便隱藏在烏雲之後朝著阿基里斯的腳踝放了一箭，除掉了阿基里斯。

而赫克托是一個凡人英雄，他是特洛伊國王的長子，也是那個拐跑人家妻子的帕里斯王子的哥哥。赫克托有勇有謀，在戰爭期間，他代替年邁的父親負責指揮作戰，一次次抵擋了希臘聯軍凌厲的攻勢，最後因「眾神的裁決和宿命」而死於阿基里斯之手。很多人都說，如果赫克托沒死，奧德修斯那個木馬屠城的計謀就絕不可能得逞。

在希臘人看來，就是由於這些住在奧林帕斯山的神仙們總是爭鬥不休，人間才會有那麼多的紛紛擾擾。或者也可以這麼說，我們凡人實在是太過渺小，是那些天神在默默決定我們的命運。就好像只不過由於三位女神都爭著想要一個金蘋果、想要得到「最美麗女神」這樣的稱號，竟不惜在人間掀起一場長達十年的戰爭；又比如赫克托出於「眾神的裁決和宿命」，在決鬥還沒有展開之前，就已註定必將死於阿基里斯之手，怎麼也活不了。

此外，這些神仙們經常都是「身兼數職」，比方說，阿波羅既是太陽神，也是預言、音樂和醫藥之神，以及消災解厄之神，同時還是人類文明、遷徙和航海的保護者；眾神的使者赫爾墨斯同時也是商業、旅者、小偷和畜牧之神；戰神阿瑞斯同時也是戰鬥、魄力與暴亂之神，智慧女神雅典娜同時也是戰爭和紡織女神（因此也有人喜歡稱她為「女戰神」）等等，可以說涵蓋了古希臘人生活的方方面面（想想看，就連小偷也可以有神來保佑⋯⋯）。

◆──以神話解釋自然萬象

希臘神話其實是起源於古老的、曾經在歷史上消失了很長時間的愛琴文明，和中國商周文明略微有些相像之處；那就是對一切大自然的現象都感到神祕難解，對有關生命的重大課題也已經會開始積極思考，而在那樣一個科學還不夠昌明的時代，人們盡情的發揮想像力、用故事的方式來解釋周遭的一切，似乎是一件很自然的事。

在希臘人的想像中，舉凡生活裡大大小小的自然現象或是日常事務，都會有一個相對應的神，都值得、也應該受到凡人的膜拜，這就是所謂「多神信仰」最基本的含義，所以我們在本章一開始就說過「古希臘人信奉的是多神教」。希臘的神仙之多，真是令人咋舌，西元前八世紀的希臘詩人赫西奧德甚至還費了很大的精力寫成《神譜》，後世對希臘神話的了解，主要就是根據這本《神譜》而來。

根據赫西奧德的描述，希臘諸神也像凡人家族一樣，也是逐步發展的。最初，天地都尚未形成，所謂的「世界」只不過是一個廣闊無邊、空空洞洞的空間，叫做「開奧斯」或譯作「混沌」。和「盤古開天」故事中盤古最初所在的那個「世界」還挺相似的，隨後才誕生了「大地之母」蓋亞，蓋亞是「烏拉諾」（或稱作「天」）的母親，同時也是他的妻子。蓋亞和天神烏拉諾以及海神蓬托斯等等便是希臘第一代的神祇。

蓋亞和天神烏拉諾以及海神蓬托斯都生了一些子女，這便是第二代神祇。蓋亞和天神烏拉諾所生的子女稱為「泰坦」，意思是「巨人們」，代表著世界最初的一些事物，包括太陽、月亮、時間、正義、記憶等等；蓋亞和海神蓬托斯所生的五個孩子則分別代表了不同的海。所以蓋亞實際上是眾神之母，也就是奧林帕斯神的始祖。

在泰坦中有一位名叫克洛那斯，是時空的創造與破壞之神，會吞噬一切的時間，他領導手足一起針對父親（也就是天神烏拉諾）發動叛亂，並把父親閹割，使父親從此喪失了神力。

之後，克洛那斯娶了自己的姊妹瑞亞，生下一些包括宙斯在內的神裔。接下來，克洛那斯因為得知自己命中註定也將被自己的子女之一所推翻，為了阻止自己推翻父親的慘劇再度重演，克洛那斯便狠心先下手為強，打算把自己的子女一一吞食，這些子女就這麼幾乎大都死於非命，宙斯卻幸運的因為母親瑞亞的掩護而僥倖逃過一劫。後來，宙斯就聯合其他倖存的手足，一起把父親以及其他的泰坦們打敗，並且把他們放逐，僅僅留下阿特拉斯，讓他成為擎天神。

此後，宙斯就成為天神和眾神的領袖，和他的妻子（譬如赫拉）、手足（譬如波塞冬），以及很多子女（譬如雅典娜、阿瑞斯、阿波羅等等）都被稱做是第三代神祇。

宙斯以霹靂為武器，負責維持天地間的秩序，公牛和鷹是他的標誌。他有七位合法的妻子，但唯有第七位妻子赫拉被冠上「天后」之名，赫拉因此成為奧林帕斯共同的統治者，一直陪在宙斯的身邊。宙斯還有數不清的女人，其中還不乏許多凡間的女子，這些女子為宙斯生了很多孩子，據說就是各地的祖先。

總之，這些神仙都被高度的擬人化，這是希臘神話最特別、也最迷人之處。神仙們不但是容貌、體態酷似凡人，而且一個個都性格鮮活；凡人有的喜怒哀樂，他們都會有，凡人有的缺點，他們同樣也會有。更特別的是，即使貴為神仙，他們依然會一時糊塗，依然會為情所困，依然會受限於自己的弱點，依然會需要在關鍵時刻做出某種抉擇，也依然得面對自己的命運。這些神仙與凡人最大的不同，似乎只在於凡人總不免會經歷生老病死，無人可以迴避，但神明則是永生，如此而已。

希臘神話不僅是希臘文學的土壤，更為後世歐洲文學提供了可觀的養分，影響深遠。不過，值得注意的是，如此燦爛多彩、生動活潑的希臘神話，當然不是一朝一夕所形成，這中間也經過長時間的累積和豐富，並且與真實的歷史也還是緊密相連。

比方說，一開始古希臘人看待世界的眼光、他們發揮想像力的重點，是著重在宇宙之間萬事萬物都有生命，所以他們把自己所看到的一切處處擬人化，大多建立在對大自然的崇敬以及人性的物質需求，然而後來當愛琴文明被**希臘人**入侵之後，由於希臘半島人口過剩，人們不得不開始向外尋找和開拓生存空間，這個時候大家最崇拜的就是那些富有冒險精神、勇敢機智又非常強大的英雄，因此產生了很多英雄豪傑的傳奇故事。這些數量龐大，經過很長時間、注入了很多人的心血，才共同創造出一系列有人、有神、有物的故事，就被學者統稱為「希臘神話」。

在西元前十一、二世紀到前七、八世紀這段為時數百年的歲月，則被史學家稱為「神話時代」。

所有的神話故事最初都是以口耳相傳的方式，一代又一代傳了下來，直到西元前七世紀左右，才由大詩人荷馬統整記錄於《荷馬史詩》當中。

以運動表達崇敬感恩

正因為古希臘人相信這些肉眼看不見的神仙們都跟凡人生活在一起，會積極參與凡人的事務（無論是好事還是壞事），所以他們生活和文化的最大特色就是離不開宗教與神話，到處都有宗教與神話的影子。

希臘人——在這裡，「希臘人」是一個泛稱，實際上自然還可以細分，比方說參與特洛伊戰爭的希臘人，在《荷馬史詩》中被稱為「亞契安人」。

希臘宗教沒有特別繁瑣的教義，但由於人們普遍深信神能夠主宰人間的喜怒哀樂、決定凡人的命運，所以他們非常重視各種節慶的祭祀。祭祀活動在古希臘人的生活中有著相當重要的地位。同時，為了讓神喜悅，他們認為只有將人類最美好的部分全部都奉獻給諸神，如此方能表示自己對神的崇敬和感恩，進而希望能夠在神的幫助之下，實現自己的美好願望。

哪些才是「人類最美好的部分」呢？譬如，最真誠善良的道德，還有最健壯的身軀、最強大的力量、最勇猛的意志以及最高超的技藝等等，這些都是。而除了什麼是「最真誠善良的道德」這一點十分主觀，實在不易評估之外，其他諸如健壯、力量、意志和技藝等等，倒是都可以透過相對比較，而找出一位「最」厲害、「最」出色的人選，於是就有了競技。這就是現代概念中「運動會」的雛形。

當時，關於祭祀神明有四大主要的集會活動，分別

奧運五色環，是現代奧林匹克運動創始人顧拜旦於 1913 年設計的。藍色代表歐洲，黃色代表亞洲，黑色代表非洲，綠色代表大洋洲，紅色代表美洲。

是祭祀天神宙斯的「奧林匹克競技會」、祭祀太陽神阿波羅的「皮西安競技會」、祭祀海神波塞冬的「依斯米安競技會」，以及祭祀大力神海克力斯的「尼米安競技會」。由於宙斯是奧林帕斯十二主神之首，統治著宇宙萬物，人們常用「神王」、「眾神和人類的父親」來稱呼他，因此祭祀宙斯的奧林匹克競技會自然也就格外受到重視。

在競技開始之前，會有一些必要的程序，包括由祭司負責點燃聖火、祈禱、敬獻貢品等等。古希臘的競技會是禁止婦女參加的，這是因為希臘人認為婦女參加有瀆神明，婦女觀看男性在競技中暴露的身體也有傷風化等等，這些歷史悠久的傳統，甚至還影響到現代奧運會初期的一些規定、制度以及儀式。比方說，第一屆現代奧林匹克運動會是於西元一八九六年舉行，但直到四年後（西元一九〇〇年）才首次有女性運動員參加，這也是女性參與體育賽事的開始。

競技輸贏取代戰爭

第一個有文字記載的「奧運會」（在當時自然還只是運動會），是在西元前七七六年舉行，但學者都公認，在此之前運動會就已存在。最初競技的項目只有短跑。希臘人把短跑稱之為「斯泰德」（stadion），意思就是「場地跑步」，後來英文裡頭「體育場、運動場」（stadium）這個名詞，就是源於「斯泰德」。而最初短跑的跑道長度是一九二・二七公尺，這個長度也是有典故的；傳說這是大力神海克力斯腳掌長的六百倍。

由於這種大型的運動會是每四年舉行一次，古希臘人還據此做為一種計算時間的方式，每當他們說「一個奧林匹亞」就表示四年，因為這是兩次運動會之間相隔的時間。

過了一段時間，在短跑之後，角力和戰車馳速等項目也陸續加入，成為競技的項目，很明顯都是帶著濃厚軍事色彩的技藝。由於古希臘屬於城邦制，各國（也就是各個城邦）之間經常互相征伐，後來就有人提議，至少在運動會舉行期間就先休戰吧，大家只要在運動會上過過招就行啦，這項提議獲得了積極的響應，於是像這樣有很多城邦推派選手參與的大型運動會，就成為「人類和平」的象徵。

按歷史記載，從西元前七七六年一直到西元三九三年，在這一一六九年之內，除了第一七五次大會是少年競技者參賽，以及第二二一次大會受到政治因素而延辦，古代這種大型運動會一共舉行了兩百九十一次。後世在論及奧運會的歷史時，往往都會把這兩百九十一次古代大型運動會直接就稱之為「奧運會」了。

◆ 奧運的中斷與延續

至於古代大型運動會後來為什麼會沒落？其間有很多原因，主要還是由於希臘城邦之間爭戰不休，就連體育風氣也在連年爭戰的影響之下，逐漸遠離了初衷，那就是運動對道德的陶冶，以及競技一定要講究公平競爭的本質。

從西元前四、五世紀開始，在競技中獲勝的選手開始有了物質獎賞，這立刻刺激了職業性運動員的誕生（所以，「職業運動員」原來也有兩千多年的歷史了）；之前長達三、四個世紀之間，獲勝都只是一種榮譽。結果，在物質誘惑下，甚至有許多過去擔任競技的教練和裁判，也紛紛跳入場中，爭相成為運動員。這麼一來，原本只是為了要讓神喜悅的祭祀活動，以及提倡業餘體育的健康意義就此受到污染，只要是有錢的王公貴族或富商，都以身邊養著一些優秀的運動員而得意洋洋。沒過多久，大型運動會就逐漸成為有錢人賭博的工具，優秀運動員也成為有錢人之間買賣的商品。

此外，基督教的興起，也是促使古希臘這種大型運動會沒落的原因。因為基督教屬於一神教，在基督徒看來，古希臘人所信奉的多神教以及立足於多神論的所有祭祀活動，都是違反上帝的旨意，應該極力排斥。於是，後來隨著基督教的日益壯大，古代希臘宗教思想和奧林匹克運動會自然就不斷受到排擠。在西元三九三年，拜占庭帝國（也就是東羅馬帝國）的皇帝狄奧多西一世，聲稱這種運動會是異教徒的活動，下令廢除，運動會就此消失。直到一千多年以後，到了十九世紀末，在法國教育家顧拜旦（西元一八六三～一九三七年）的熱心奔走之下才得以恢復。顧拜旦也因此被尊稱為「現代奧林匹克之父」。

第一屆國際奧運會於西元一八九六年四月五日在希臘雅典舉行，雖然只有十三個國家、近三百名運動員參加，但已經是首次屬於國際性的比賽。在這一屆的奧運會上，也決定了往後奧運會將由奧委會各成員國輪流舉辦、每四年舉行一次、每次會期不超過十六天等原則。

一百多年以來，除了第六屆（西元一九一六年）、第十二屆（西元一九四〇年）、第十三屆（西元一九四四年）由於戰爭原因而停

現代奧運會的創始人，顧拜旦男爵。

辦之外，每四年一次的奧運會早已成為全世界眾所矚目的盛事。

3 神祕荷馬留下文學史詩

在希臘歷史中，從西元前一二〇〇年前後的四個世紀，通常被稱為「荷馬時期」，這裡所說的荷馬就是指《荷馬史詩》的作者荷馬。關於荷馬時期的文化，我們會在卷二《上古史 I》再做介紹，這一節我們要來談談關於荷馬這個人。

說起來也挺不可思議，荷馬如此重要、重要到連史學家都將長達四個世紀的希臘歷史以他的名字來命名，可是在一段不算短的時間裡，許多人卻非常懷疑，在真實的歷史上到底有沒有過這麼一個人？有人懷疑「荷馬」或許只是某一個詩人團體的名稱。不過，經過許許多多的考證之後，現在大家還是普遍傾向於相信在很久很久以前，確實曾經有過這麼一個人存在，只是有關於他的資料留存下來的實在是太少罷了。

接下來，關於荷馬的性別、出生地乃至生平，也引起很多討論和爭議。

曾經有人認為荷馬是一位女性，不過更多的學者還是認為應該是一位男性。

至於荷馬的家鄉，在希臘前前後後至少有過七個以上的城市競相宣稱是荷馬的出生地，這些城市當然都各自拿出了所謂的證據，但截止目前為止，最有說服力的還是位於愛琴海東岸的伊奧尼亞，這是因為在《荷馬史詩》中出現了很多伊奧尼亞的方言。

接下來，學者們努力想要確定荷馬所生活的年代。古希臘史學家希羅多德認為，荷馬所生活的年代距離他自己的時代至多不會超過四百年，也就是大約在西元前八五〇年。這個推論廣為大家所接受。不過，希臘另外一位跟希羅多德差不多算是同一時代的史學家修昔底德（約西元前四六〇～約前四〇〇年）則認為，荷馬所生活的年代應該距離特洛伊戰爭不會太遠，也就是大約在西元前十二世紀早期。

當然，荷馬的身分也是一個重要的問題。有些古代學者認為荷馬是一個奴隸，是從巴比倫被擄到希臘，因為「荷馬」這個字在古希臘文裡頭就是「人質」的意思。然而，自古以來大多數學者還是普遍支持「荷馬是一位盲詩人，靠著行吟演唱來維持生活」之說。只不過荷馬即使是盲人，應該也並不是天生失明。長久以來大家之所以會普遍相信荷馬是盲人，一來是因為古代的樂師經常都是盲人，二來是由於古希臘人相信盲人往往更能看清事物的真相，這個部分就又要談到希臘神話了。

希臘神話中，有一位盲人預言家忒瑞西阿斯非常厲害，甚至在冥界都仍有預言的才能，希臘英雄奧德修斯還曾經被派往冥界，去請忒瑞西阿斯預卜過未來。

所謂《荷馬史詩》，是由《伊里亞德》和《奧德賽》兩部史詩所組成。被發現於十八世紀的《伊里亞德》，長達一萬五千六百九十三行詩句，敘述希臘聯軍圍攻特洛伊的故事，集中描寫了在戰爭結束前五十天內所發生的事。《奧德賽》則長一萬兩千一百零五行詩句，主題是關於希臘將領奧德修斯在戰後返國期間，在海上漂流了十年，也是集中描寫在最後一年左右的故事。這兩部作品，不僅結構嚴謹，情節精采，而且人物形象一個個都十分鮮明，躍然紙上，語言也很精煉生動，令人回味無窮，總忍不住想要一讀再讀。

在古代，《荷馬史詩》非常流行，尤其是在希臘，不僅愛好文學的人喜歡讀，連許多政治家和軍事家也愛讀，亞歷山大大帝在征戰途中就還不忘要隨身帶著《伊里亞德》。

《荷馬史詩》是西方第一部重要的文學作品，荷馬也因此被稱為歐洲「四大史詩詩人之一」，甚至是「四大史詩詩人之首」；另外三位則分別是義大利的維吉爾（西元前七〇～前一九年）和但丁（西元一二六五～一三二一年），以及英

荷馬和他的嚮導，法國畫家布格羅繪於西元 1874 年。

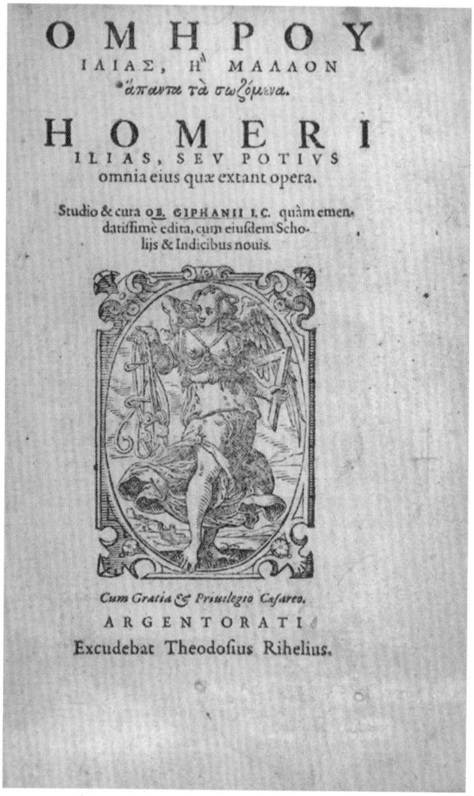

ΟΜΗΡΟΥ
ΙΛΙΑΣ, Η΄ ΜΑΛΛΟΝ
ἅπαντα τὰ σωζόμενα.

HOMERI
ILIAS, SEV POTIVS
omnia eius quæ extant opera.

Studio & cura OB. GIPHANII I.C. quàm emendatissimè edita, cum eiusdem Scholijs & Indicibus nouis.

Cum Gratia & Priuilegio Cæsareo.
ARGENTORATI
Excudebat Theodosius Rihelius.

西元 1572 出版的荷馬史詩《伊里亞德》。

國的彌爾頓（西元一六〇八～一六七四年）。但丁更曾經盛讚荷馬是「詩人之王」。

總之，荷馬被認為是古代西洋史中最偉大的詩人，即使《荷馬史詩》裡的材料，應該是之前好幾個世紀以來民間口頭文學的結晶，經過很多人的增刪處理，但仍無損於荷馬的成就、無損於《荷馬史詩》的傑出，以及對後世西方文學和史學的巨大貢獻。因為《荷馬史詩》不僅文學價值極高，同時也是古希臘從西元前一二〇〇年前後四個世紀中，唯一的文字史料，非常鮮活的反映了愛琴文明，所以後世學者才會把這個時期稱之為「荷馬時代」或「英雄時代」。

後記

歷史不會消失

管家琪

從這一卷開始，我們出發了，世界史已揭開序幕，我們將按照時間順流而下，慢慢展開浩瀚迷人的歷史之旅。

所謂「歷史」，就是已經發生過的事，不可更改，哪怕是上一秒都成了歷史。進一步說，凡是發生過的就必留下痕跡，永遠不會消失，即使當時因為某種緣故而暫時離開了眾人的視野，也還是會一直都就那麼安安靜靜的待在那兒，等著後人發現。就像我們在第六章介紹的愛琴文明，這麼古老、這麼重要的文明，重要到它是希臘文化的先驅，可居然是到西元十九世紀下半葉、距今差不多一百五十年以前才被發現！真是不可思議。想想看，在它被發現之前，世人雖然還不知道愛琴文明的存在，但愛琴文明不是一直都在那兒嗎？並不曾消失，也無損其價值，因為等到被發現之後，世人自然就會明白它的價值。

歷史就是這樣，在發生的那一刻就已註定了它的意義和價值。歷史不會改變，只不過有時在當時不一定能被很好的解讀，甚至是保留。

再看看愛琴文明被挖掘出來的經過，就更是令人讚歎了。設想那位業餘成才的德國考古學家薛里曼，在他小的時候、當他跟別人說起特洛伊戰爭也許是確有其事的時候，別人一定多半都是嗤之以鼻、笑他沒辦法區分真實與幻想吧……

「那只是一個故事啊！那麼認真幹嘛！」當時一定很多人都是這麼說的吧。沒想到經過薛里曼的努力，想要尋找特洛伊古城的想法在他心裡是那麼的堅定、那麼的根深蒂固，以至於後來他都已經經商致富了，可還是放著舒舒服服的優渥日子不去享受，在年過半百的時候跑到小亞細亞考古去了！

薛里曼的一生似乎就是為了要尋找特洛伊古城這個目標而活著，所以即使是在早年當他一路奮鬥、為考古所需經費累積財富的時候，他也一直同時在做著準備，最有力的證明就是他自學了那麼多種語言。這樣的毅力真是令人佩服！看來世間真是沒有什麼是不可能的啊。

然而，歷史有時就是這麼的充滿了戲劇性，譬如薛里曼所挖掘到的特洛伊古城，後來才知道原來在同一個地點竟然有九層遺址上下疊置，其實第六層才是當年爆發特洛伊戰爭時的城市，薛里曼所挖掘到的那一層，實際上年代比特洛伊戰爭還要久遠得多！

無論如何，多虧了薛里曼、感謝薛里曼，才讓我們有機會認識了愛琴文明。

參考書目

1 《世界通史》，王曾才／著，三民書局出版，二〇一八年五月增訂二版。

2 《寫給年輕人的簡明世界史》，宮布利希／著，張榮昌／譯，商周出版，二〇一八年三月二版。

3 《BBC 世界史》，安德魯・馬爾／著，邢科、汪輝／譯，遠足文化出版，二〇一八年九月二版。

4 《世界史是走出來的》，島崎晉／著，黃建育／譯，商周出版，二〇一七年五月初版。

5 《世界史年表》，李光欣／編，漢宇國際文化出版，二〇一五年八月初版。

6 《西洋通史》，王德昭／著，商務印書館出版，二〇一七年五月初版。

7 《西洋上古史》，劉增泉／著，五南圖書出版，二〇一五年八月初版。

8 《從黎明到衰頹》上、下冊，巴森／著，鄭明萱／譯，貓頭鷹出版，二〇一八年二月四版。

9 《西洋中古史》，王任光／編著，國立編譯館出版，二〇〇〇年八月初版。

10 《文藝復興時代》，王任光／著，稻鄉出版，二〇〇二年十一月初版。

11 《西洋近世史》，王曾才／編著，正中書局出版，二〇一二年四月三版。

12 《西洋現代史》，王曾才／著，東華書局出版，二〇一三年六月七版。

13 《西洋現代史》，羅伯特・帕克斯頓、朱莉・何偉／著，陳美君、陳美如／譯，聖智學習亞洲私人有限公司台灣分公司出版，二〇一六年十一月初版。

14 《影響世界歷史 100 位名人》，麥克・哈特／著，趙梅等／譯，晨星出版，二〇〇〇年十二月初版。

15 《中國通史》上、下冊，傅樂成／編著，大中國圖書出版，二〇一一年十月三十七版。

16 《中國近代史》，薛化元／編著，三民書局出版，二〇一八年二月增訂七版。

17 《中國現代史》，薛化元、李福鐘、潘光哲／編著，三民書局出版，二〇一六年二月增訂五版。

約旦河 Jordan River

約櫃 Ark of the Covenant

美索不達米亞 Mesopotamia

迦南 Canaan

十畫

首陀羅 Shudras

修昔底德 Thucydides

旁遮普 Punjab

旃陀羅笈多 Chandragupta Maurya

泰坦 Titans

泰爾 Tyre

烏拉諾 Uranus

烏爾 Ur

祖特 Thoth

神譜 Theogony

紙草 papyrus

索呂特來 Solutré

耆那教 Jainism

閃族人 Semites

馬奈圖 Manetho

十一畫

婆羅門教 Brahmanism

掃羅 Saul

敘利亞 Syria

梵天 Brahma

梵文 Sanskrit

荷馬 Homer

雪山神女 Parvati

雪萊 Percy B. Shelley

十二畫

斯泰德 stadion

普里阿姆 Priam

智人 Homo sapiens

猶太 Judah

腓尼基 Phoenicia

象形文字 Hieroglyphics

費雪 Herbert A. L. Fisher

開賽特人 Kassites

間冰期 Interglacial period

十三畫

奧林匹克競技會 Olympic Games

奧林帕斯山 Mount Olympus

愛琴海 Aegean Sea

肥沃月灣 Fertile Crescent

新石器時代 Neolithic

楔形文字 Cuneiform

獅身人面像 Sphinx

瑞亞 Rhea

裏海 Caspian Sea

十四畫

圖特穆斯 Thutmose I

圖特穆斯二世 Thutmose II

圖特穆斯三世 Thutmose III

漢摩拉比 Hammurabi

漢摩拉比法典
The Code of Hammurabi

瑣羅亞斯德 Zoroaster

蓋亞 Gaea

赫西奧德 Hesiod

赫爾穆斯 Hermes

十五畫

墨丘利 Mercury

墨涅依斯 Menelaus

德拉威人 the Dravidians

摩奴法典 Manusmṛiti

摩揭陀 Magadha

蓬托斯 Pontos

黎巴嫩 Lebanon

十七畫

濕婆 Shiva 或 Siva

薛里曼 Heinrich Schliemann

十八畫

薛胡金 Sharroukin

舊石器時代 The Paleolithic Period

薩爾貢 Sargon

二十畫

蘇美 Sumer

二十一畫

顧拜旦 Pierre de Coubertin

專有名詞中英對照

一畫

一體三形 Trimurti

三畫

士師 Judges

大金字塔時代
Age of the Great Pyramids

中石器時期 Mesolithic Period

天狼星 Sirius

巴比倫 Babylon

巴特利普特那 Pataliputra

巴勒斯坦 Palestine

日神阿頓 Aton

木乃伊 Mummy

五畫

加爾底亞人 the Cnuldeans

尼布甲尼薩 Nebuchadnezzar

尼安德塔人 Homo Neanderthalis

尼米安競技會 Nemean Games

巧人 Homo habilis

布瑞斯提 James Henry Breasted

幼發拉底河 the Euphrates River

皮西安競技會 Pythian Games

六畫

伊朗 Iran

伊奧尼亞 Ionia

休倫人 the Hurrians

冰河期 Glacial period

印度・亞利安人 the Indo-Aryans

印度次大陸 Indian Subcontinent

印度河 Indus River

印度教 Hinduism

吉爾伽美什史詩
The Epic of Gilgamesh

吉薩 Giza

安德生 J.G. Andersson

托勒密 Ptolemy

托勒密王朝 the Ptolemies

死者之書 The Book of the Dead

米太人 the Medes

西台人 the Hittites

西克索人 the Hyksos

七畫

何拉斯 Horus

克洛那斯 Cronus

克洛曼儂洞穴 Cro-Magnon Cave

克麗佩脫拉 Cleopatra

吠舍 Vaishyas

吠陀時代 Vedic Age

希羅多德 Herodotus

忒瑞西阿斯 Tiresias

里比亞沙漠 Lbyan Desert

八畫

亞利安人 the Aryans

亞拉米人 the Arameans

亞契安人 the Achaeans

亞述 Assyria

亞述巴尼拔 Ashurbanipi

亞歷山大大帝
Alexander of Macedonia

依斯米安競技會 Isthmian Games

孟菲斯 Memphis

宙斯 Zeus

尚波力翁 Champollion

居魯士大帝 Cyrus the Great

底格里斯河 the Tigris River

拉美西斯二世 Rameses II

拉美西斯三世 Rameses III

法老 Pharaoh

波西斯 Persis

波斯 Persia

波塞冬 Poseidon

直立人 Homo erectus

阿加曼儂 Agamemnon

阿卡德 Akkad

阿克納頓 Akhenaton

阿拉伯沙漠 Arabian Desert

阿特拉斯 Atlas

阿基曼尼斯 Achaemenes

阿曼霍泰普四世 Amenhotep IV

阿梅諾菲斯三世 Amernophis III

阿爾泰山山脈 Altai Mountains

阿摩利人 Amorites

阿穆斯法老 Ahmose

非洲南猿 Australopithecus Africanus

九畫

信地 Sind

剎帝利 Kshatriyas

哈拉帕文明 Harappan Culture

哈帝斯 Hades

哈特雪普斯 Hatshepsout

星辰教 Astral religion

查波昂 Jean F. Champollion

毗濕奴 Vishnu

祆教 Zoroastrianism

XBLH0001

少年愛讀世界史 卷 1
遠古史　世界史的序幕

作　　者｜管家琪

字畝文化創意有限公司
社長兼總編輯｜馮季眉
全套資料顧問｜劉伯理　歷史學習單元撰文｜曹若梅　特約圖片編輯｜陳珮萱
人物漫畫｜劉 婷　地圖繪製｜廖于涵　美術設計｜黃子欽　封面設計｜ Joe Huang

出版｜字畝文化創意有限公司
發行｜遠足文化事業股份有限公司 (讀書共和國出版集團)
地址｜ 231 新北市新店區民權路 108-2 號 9 樓
電話｜ (02)2218-1417　　傳真｜ (02)8667-1065
客服信箱｜ service@bookrep.com.tw
網路書店｜ www.bookrep.com.tw
團體訂購請洽業務部 (02)2218-1417 分機 1124
法律顧問｜華洋法律事務所　蘇文生律師
製版｜軒承彩色印刷製版公司　　印製｜通南彩色印刷公司

2021 年 2 月　初版一刷　2024 年 3 月　初版四刷　定價：420 元
書號：XBLH0001
ISBN：978-986-5505-53-0

國家圖書館出版品預行編目 (CIP) 資料
少年愛讀世界史 . 卷 1, 世界史的序幕 / 管家
琪著 . -- 新北市 : 字畝文化出版 : 遠足文化
事業股份有限公司發行 , 2021.02
　面；　公分
ISBN 978-986-5505-53-0(平裝)
1. 世界史 2. 通俗作品
711　　109021527